Peter Waldbauer

Die Bestattungsmafia

Peter Waldbauer

Die Bestattungsmafia

Wie mit dem Tod Geschäfte
gemacht werden

Herbig

Mein Dank geht an Astrid von Willmann
und meinen Lektor, Dr. Rainer Schöttle.

Für Betty

Besuchen Sie uns im Internet unter:
www.herbig-verlag.de

Umschlaggestaltung: Wolfgang Heinzel
Umschlagmotiv: getty-pictures
Herstellung und Satz: VerlagsService Dr. Helmut Neuberger
& Karl Schaumann GmbH, Heimstetten
Gesetzt aus der 11,25/14,15 Punkt Minion
Druck und Binden: GGP Media GmbH, Pößneck
Printed in Germany
ISBN 978-3-7766-2530-1

Der Tod eines geliebten Menschen trifft die Hinterbliebenen auch deshalb so unvermittelt und hart, weil das Sterben seit den dreißiger Jahren mehr und mehr aus dem Alltag des Westens verschwunden ist, ausgelagert in Krankenhäuser und Heime, beinahe unsichtbar für die Lebenden.
Nicht nur stirbt niemand mehr daheim, der Tod hat durch die Professionalisierung seiner Abwicklung auch alles Selbstverständliche, Familiäre verloren und überfällt die Angehörigen daher mit der Wucht des Beschwiegenen, Unsagbaren, Tabuisierten.

Joan Didion, *The Year of Magical Thinking*

Inhalt

Vorwort

In den Kreisen der Bestattungsmafia

Wie gelangt man eigentlich in die Kreise einer Mafia? Gibt es sie überhaupt – die Bestattungsmafia? In den letzten Jahren ist die Verwendung des Begriffs *Mafia* in der deutschen Presse geradezu inflationär geworden. Benutzte man dieses Ehrfurcht einflößende Wort früher nur für die *italienische* Mafia, so bedrohte uns in den neunziger Jahren eine neu entstandene *Russenmafia*. Ihr folgte die *Yugomafia*, womit man sämtliche Hütchenspieler in deutschen Großstädten über einen Kamm scherte. *Zigarettenmafia* wurde bald die Bezeichnung für osteuropäische Banden, die ihre Ware über die Grenze nach Brandenburg einschmuggeln. Ähnliches kennt man bereits von der *Automafia*, die gestohlene Fahrzeuge in entgegengesetzter Richtung verschiebt, oder von der *Markenmafia*, ein anderes Wort für die organisierte Produktpiraterie.

An den EC-Geldautomaten der Banken installiert die *Rumänenmafia* falsche Einschiebeschlitze, um Kontodaten ablesen zu können, und ebenfalls aus Osteuropa stammt jene *Hundemafia*, die skrupellos mit Rassehunden handelt. Auch von einer *japanischen*, häufiger noch von einer *chinesischen Mafia* ist regelmäßig die Rede.

Von so vielen mafiösen Strukturen inner- und außerhalb Deutschlands aufgeschreckt, glaubte man hinter den zunehmenden Dopingskandalen der Leistungssportler, besonders

in der Subkultur der Bodybuilder, eine *Dopingmafia* auszumachen, ja sogar eine wissenschaftlich motivierte *Pharmamafia*. Dazwischen blieb, im elitären Bereich der Hochtechnologie, noch genügend Raum für eine *Überwachungsmafia*, die die Lebensgewohnheiten der Bundesbürger ausspioniert.
Im russisch-chinesischen Grenzgebiet macht die *Tigermafia* Jagd auf den vom Aussterben bedrohten sibirischen Tiger, während bei uns zu Hause die *Bettelmafia*, ähnlich wie die Hütchenspieler, auf offener Straße tätig ist. Übrigens agiert im Rotlichtmilieu der Stadt Köln eine *Bordellmafia*, die gleichzeitig die Disco-Türsteher-Szene aufmischt, und selbstverständlich steckt hinter den jüngst bekannt gewordenen Lebensmittelskandalen die *Fleischmafia*. Drahtzieher der aufgedeckten Schiedsrichterskandale mit Fußballwetten war, wie könnte es anders sein, eine *Wettmafia*. Fast schon ein alter Hut hingegen ist die oft gescholtene *Baumafia*, und die hohen Ölpreise verdanken wir den russischen Oligarchen oder der *Rohölmafia*, in ihrer Gefährlichkeit nur noch übertroffen von der internationalen *Atommafia*.
Man sieht, der Begriff *Mafia* taugt für alles Kriminelle, Zwielichtige, Unseriöse, ja sogar Unästhetische, welches wohlorganisiert und mit wirtschaftlichem Interesse skrupellos zu Werke geht. Genau darum geht es im vorliegenden Bericht, weshalb ich mich entschlossen habe, den hinlänglich strapazierten Begriff zu verwenden. Zumal er in den zahlreichen Foren des Internets kursiert, in denen geschröpfte Angehörige ihrem Ärger über die Branche mit deutlichen Worten Luft machen. Auch von Bestattern selbst, also von Insidern, wird ironischerweise das Wort verwendet.
Auch ich war einmal ein solcher Insider. Wie kam es dazu? Per Zufall! Während meines Studiengangs zum Betriebswirt entdeckte ich ein Zeitungsinserat, in dem Sargträger gesucht wurden. Die Annonce wandte sich zwar bevorzugt an Früh-

rentner, aber ich versuchte mein Glück dennoch und wurde genommen. Dauer des Bewerbungsgesprächs: zehn Minuten! Und so bin ich hineingerutscht, in die Branche; zuerst als Sargträger, dann als Bestattungshelfer.

Im Laufe der Zeit arbeitete ich bei verschiedenen Sargträgerdiensten und half mehreren Bestattern, oft parallel und ohne, dass die Beteiligten voneinander wussten. Während dieser Tätigkeit im Bestattungsgewerbe war ich von den Ergebnissen meiner Beobachtungen und deren Analyse immer wieder aufs Neue fasziniert. Später, als die Idee zu diesem Buch konkrete Formen annahm, habe ich dann noch zusätzlich recherchiert: auf Friedhöfen, in Leichenhallen, bei Bestattungsinstituten, in denen ich mich als Angehöriger ausgab, und in Archiven. Meine Nachforschungen ergaben, dass die von mir subjektiv gemachten Erfahrungen größtenteils repräsentativ waren für die allgemeine Gesinnung, für die vorherrschenden Strukturen in dieser Branche.

Die Frage, ob die in dem Buch erhobenen Vorwürfe und Praktiken auch auf mich zugetroffen haben, kann ich getrost verneinen. Als Bestattergehilfe blieb ich, was eventuelle Bereicherungsabsichten betraf, auf die bloße Rolle des Zuschauers festgelegt, auf die des Mitwissers, nie die des Mittäters.

Einige der angesprochenen Personengruppen werden sich zweifelsohne wehren, werden sich verwahren wollen gegen pauschal erhobene Vorwürfe, gegen Generalverdacht und kollektive Vorverurteilung. Das ist völlig in Ordnung. Selbstverständlich gibt es einzelne Bestatter, die sauber und korrekt arbeiten, genauso wie es städtische Bedienstete gibt, die keinen privaten Vorteil aus ihrer offiziellen Tätigkeit ziehen. Ihnen sei die Chance gegönnt, sich als weißes unter den vielen schwarzen Schafen zu profilieren, die hier die Regel, nicht die Ausnahme darstellen. Zu ihrem persönlichen Wohl und zum Wohl der ganzen Branche.

Und um das Bild auch unter Berücksichtigung der rechtlichen Seite abzurunden, wird im Anhang ein Gesetz über das Leichen-, Bestattungs- und Friedhofswesen abgedruckt. Es handelt sich dabei um das einschlägige Gesetz samt Durchführungsbestimmungen für die Stadt Berlin; hier findet sich in aller Ausführlichkeit, was auch für andere Städte und Gemeinden in Deutschland gilt. Die Praxis hat sich an der gesetzlichen Grundlage zu orientieren; die in diesem Buch aufgeführten Beispiele zeigen aber deutlich, in welchem Ausmaß oftmals gegen die gesetzlichen Bestimmungen verstoßen wird, wenn mit dem Tod Geschäfte gemacht werden.

Einleitung

Das Geschäft mit dem Tod

Der Tod ist ein großes Tabuthema in Deutschland. Mit dem Tod und all seinen Folgen hat man nicht gerne zu tun. Als Betroffener nicht, das ist verständlich, aber auch als Angehöriger oder Verwandter schreckt man gewöhnlich davor zurück, sich mit den Folgen eines Sterbefalls im Einzelnen zu befassen. Meistens hat man schon genug mit seiner eigenen Trauer zu tun – sofern der Verstorbene einem nahestand.

Diesem Umstand ist es zu verdanken, dass eine Reihe von Leuten das Geschäft mit dem Tod für sich entdeckt haben. Unter ihnen gibt es skrupellose Geschäftemacher, die den seelischen Lähmungszustand, den eine Trauer mit sich bringt, ausnutzen und die Trauernden schamlos zur Kasse bitten, sie sogar systematisch abzocken. Aus Scheu und falsch verstandener Pietät vermeiden es viele Angehörige, den finanziellen Angelegenheiten eines Sterbefalls mehr Aufmerksamkeit zu widmen, hinter die Kulissen zu blicken. Man will das Bild, das man vom Verstorbenen bis zuletzt hatte, nicht zerstören durch scheußliche Auseinandersetzungen mit dem Bestatter – Wasser auf die Mühlen der Bestattungsmafia.

Leute verschiedener Art und Herkunft haben irgendwann entdeckt, dass da eine Nische existiert, die sie für ihre Zwecke ausnutzen können. Eine Lücke, die im Gegensatz zu anderen Branchen kaum kontrolliert wird, und sie haben irgendwo in der Ablaufkette ihren Platz gefunden, von dem aus sie beim Geschäft mit dem Tod am besten partizipieren können. Mögen sie anfangs vielleicht noch Skrupel oder moralische Bedenken gehabt haben, so wurden sie bald abgestumpft und zynisch. Das Geschäft ist geeignet, den Charakter zu verderben.

Da viele der Beteiligten in enger Verbindung miteinander stehen und sich gegenseitig decken, kann man durchaus von *mafiösen* Strukturen sprechen.

Aber auch abgesehen vom finanziellen Aspekt sind die Zustände und Praktiken, die im deutschen Bestattungswesen herrschen, skandalös. Ob bei der amtlichen Leichenschau, in der Pathologie oder auf dem Friedhof: Es wird geschludert, dass einem die Haare zu Berge stehen. Die Angehörigen wären entsetzt, wenn sie wüssten, was hinter ihrem Rücken so alles geschieht.

Es sind in dieser Branche die abstoßendsten Typen und Charaktere versammelt, die man sich nur vorstellen kann: notorische Trinker und Asoziale, Straftäter und Zuhälter, Psychopathen und Nekrophile. Sie alle sind irgendwann in dem sozialen Auffangbecken gelandet, das sich »Bestattungsgewerbe« nennt – eine Branche, die sie aufnehmen konnte, weil die meisten Menschen mit ihr nichts zu tun haben wollen.

Messer in der Brust – die Leichenschau

Die amtliche Leichenschau ist die Grundvoraussetzung jeder Bestattung. Sie hat einerseits die Aufgabe Scheintodesfälle zu vermeiden, andererseits hat sie den sicher festgestellten Tod in *natürliche* und *unnatürliche* Fälle zu unterscheiden und *unklare* Todesursachen einer inneren Leichenschau (Obduktion) zuzuführen. Ohne Leichenschau geht folglich gar nichts, ohne sie darf kein Bestatter tätig werden. Deshalb steht sie am Anfang unserer Betrachtungen über das Bestattungsgewerbe. Einen beträchtlichen Teil ihrer Arbeitszeit verbringen Bestatter damit, auf den Arzt zu warten, der die Leichenschau vor Ort durchführt. Obwohl dieser eigentlich *unverzüglich* (juristisch: ohne schuldhaftes Verzögern) auf der Bildfläche erscheinen müsste, lässt er sich damit manchmal ganz schön Zeit. Oft sogar länger, als es die gesetzliche Regelung maximal zulässt. Der Bestatter kann vorher nicht tätig werden, darf ohne Todesbescheinigung keine Person überführen. Ohne Leichenschau keine Todesbescheinigung und ohne Todesbescheinigung keine Bestattung. Die ärztliche Todesbescheinigung wird zum Beurkunden des Sterbefalls auf dem örtlichen Standesamt benötigt, das wiederum die Genehmigung zur Bestattung erteilt. In dieser Zeit, bis zum Ausstellen der Todesbescheinigung, liegt also alle Macht in den Händen der Ärzte. Leider gehen diese sehr nachlässig damit um.

Zu einer Leichenschau ist grundsätzlich jeder Arzt verpflichtet, ganz gleich, ob er Internist, Allgemeinarzt, Augenarzt oder Psychiater ist, und ob er über einschlägige Erfahrung verfügt oder nicht. Offenbar haben die wenigsten Ärzte dazu richtig Lust.

Das mag zum einen an der geringen Bezahlung von durchschnittlich 25 Euro liegen (obwohl manche Ärzte auch viel höhere Beträge in Rechnung stellen; siehe nächstes Kapitel). Der Hauptgrund jedoch dürfte in Schlamperei und Oberflächlichkeit zu suchen sein, in einer häufig festzustellenden Neigung, die sich darbietenden äußeren Bedingungen eines Sterbefalls vorbehaltslos zu akzeptieren und zu attestieren.

Nicht anders ist es zu erklären, dass nach einer Studie der Universität Münster mindestens jeder zweite Mord oder Totschlag in Deutschland unentdeckt bleibt, insgesamt bis zu 2400 Tötungsdelikte jährlich. Fehler bei der Leichenschau

sind an der Tagesordnung. Drossel- und Würgemale werden ebenso übersehen wie Pflegeschäden, Misshandlungen und mangelhafte Versorgung von Patienten, die zum Tod führten. Selbst ein *Steckschuss*, eine Schusswunde mit darin enthaltenem Projektil, wurde jüngst von einem mit der Leichenschau beauftragten Mediziner großzügig ignoriert. Einige Ärzte scheinen die Leichenschau sogar mit geschlossenen Augen durchzuführen, denn ein Arzt brachte es tatsächlich fertig, auf dem Totenschein in der Rubrik *natürliche Todesursache* ein Herzversagen einzutragen, obwohl für jedermann ersichtlich ein Messer aus der Brust des Toten ragte. So kann man ein Herzversagen natürlich auch interpretieren.
Das Unvermögen vieler Ärzte bei der Leichenschau stammt nicht von ungefähr, legt doch schon deren Ausbildung kein allzu großes Gewicht auf diesen Teil ihres Alltags: Ganze vier Stunden Leichenschau sieht der Lehrplan für Medizinstudenten an der Berliner Charité vor, an anderen Universitäten ist es manchmal sogar noch weniger. Die wirklichen Fachleute, die Rechtsmediziner an den Universitäten und die Pathologen in den Kliniken, bekommen höchstens jede zehnte Leiche zu sehen, nur etwa jeder fünfzigste Tote wird obduziert.
Dass eine geringe Zahl von Obduktionen zur Folge hat, dass weniger Morde als solche erkannt werden, ist für Gerichtsmediziner längst eine Binsenwahrheit. Laut Professor Bernd Brinkmann von der Universität Münster wird in Berlin viel mehr obduziert und werden folglich mehr Morde und Tötungsdelikte aufgeklärt, als dies zum Beispiel in Köln und anderen Städten der Fall ist. Wobei man den Berlinern unterstellen darf, dass sie von Haus aus nicht aggressiver und mordlustiger sind als die Kölner oder andere Großstädter.
Der Hauptgrund, weshalb in Deutschland so viele Morde übersehen werden, besteht darin, dass die Leichenschau meistens vom Hausarzt durchgeführt wird. Der Hausarzt ist, laut

Professor Brinkmann, in seinen Ansichten nicht frei. Der Erwartungsdruck der Angehörigen, einen natürlichen Tod als Ursache zu sehen, lastet auf ihm, weshalb er einen solchen in der Regel auch bescheinigt. Damit ist der Fall erledigt und die Polizei bleibt außen vor. Brinkmann spricht sich deshalb dafür aus, die Leichenschau von einen unabhängigen Arzt durchführen zu lassen. Außerdem sollten mehr Tote obduziert werden.

Zumindest für Todesfälle in Alten- und Pflegeheimen fordern auch andere namhafte Rechtsmediziner eine verbindliche Leichenschau von Amtsärzten. Ferner sollten ihrer Meinung nach nichtssagende Bezeichnungen wie »Herzversagen« oder »Alterstod« verboten werden. Hinter solchen Fällen verbergen sich oftmals geschickt inszenierte Morde durch eine Überdosis Insulin oder tödliche Medikamente. Kriminalwissenschaftler gehen davon aus, dass es in Deutschland bislang ein Dutzend Tötungsserien an Patienten gegeben hat.

Bereits 1991 ermordete ein Güterloher Krankenpfleger zehn Patienten, indem er ihnen Luft injizierte, doch erst der Fall des Olaf D. aus Bremerhaven, der, zunächst unentdeckt, fünf alte kranke Frauen in einem Pflegeheim mit einem Kissen erstickte, sorgte im Juni 2001 bundesweit für Schlagzeilen. Dass Totenscheine in Deutschland viel zu leichtfertig ausgestellt und Tote zu schnell begraben werden, nützte auch seinem Sonthofener Kollegen, Stephan L., der seine Opfer mit muskellähmenden Medikamenten und starken Narkotika zu Tode spritzte. 42 seiner ehemaligen Patienten mussten im Sommer 2004 exhumiert werden, in 29 Tötungsdelikten hat die Staatsanwaltschaft Anklage erhoben – die größte Tötungsserie der deutschen Nachkriegsgeschichte.

Eine Altenpflegerin in Köln hatte sich auf allein stehende alte Damen mit reichlich Geld und wenig Kontakten zur Außenwelt spezialisiert. Sie sprach alte, wohlhabend erscheinende

Frauen beim Einkaufen an und bot ihnen einen privaten Pflegedienst an. Nachdem sie das Vertrauen ihrer Opfer gewonnen und unbeschränkten Zugang zu deren Wohnungen erlangt hatte, vergiftete die Pflegerin die alten Damen und nahm deren Schmuck und Bargeld an sich. Auch für die Beisetzung ihrer Opfer sorgte sie abschließend, wofür sie immer denselben Bestatter beauftragte und praktischerweise die Einäscherung wählte, um alle gerichtsmedizinisch wichtigen Spuren zu verwischen.

Professor Brinkmann, der viele solcher zufällig entdeckten Morde ausgewertet hat, kommt zu dem Ergebnis: Am häufigsten unentdeckt bleiben Morde an kleinen Kindern und alten Leuten.

Dies sei auch logisch, weil bei alten Menschen ab einem bestimmten Alter und besonders bei einem bestimmten Krankheitsgrad mancher mit ihrem natürlichen Tod rechnet und bei dieser Gruppe daher viel seltener gefragt wird, ob sie vielleicht ermordet worden seien. Das Interesse der Behörden, gerade bei älteren Menschen eine Obduktion zu erwägen, ist sehr gering, obwohl es gerade für diese Altersgruppe häufig Motive gibt, sie umzubringen. Solche Mordmotive sind: Die Alten haben etwas zu vererben, ihre Pflegelast verursacht Kosten, bzw. die Kosten zehren das Erbe auf, und sie können sich nicht so effektiv wehren wie ein Mensch in den besten Jahren. Hinzu kommt, dass manch älterer »Pflegefall« seiner Pflegeperson ohne Kontrolle ausgeliefert ist. Alle diese Umstände führen zu dem Ergebnis: Wenn ein alter Mensch getötet wird, kommt dies nur selten ans Tageslicht. Viele Angehörige schrecken auch davor zurück, einen »natürlich« bescheinigten Tod anzuzweifeln und damit indirekt Arzt und Pflegepersonal mit Misstrauen zu begegnen.

Der Arzt ist per Gesetz zwar dazu verpflichtet, die Leichenschau am völlig unbekleideten Körper des Verstorbenen durchzuführen, laut der Münsteraner Studie unterbleibt diese Maßnahme jedoch in drei Vierteln aller Fälle. Nur bei allzu offensichtlicher Todesursache, etwa bei Verkehrsunfällen, darf darauf verzichtet werden. Ferner müssen die Körperöffnungen des Toten inspiziert werden sowie der Rücken und die behaarte Kopfhaut. Falls notwendig, muss der Arzt Befragungen der Angehörigen oder seines behandelnden Kollegen durchführen.

Wie dies in der Praxis aussieht, ist oft kaum zu glauben: Da wird der Verstorbene gerade mal kurz angehoben, etwas zur Seite gewälzt, zwei, drei flüchtige Blicke werden auf ihn geworfen, und das war's. Nicht einmal Handschuhe benötigte die herbeigerufene Ärztin des Gesundheitsamtes, als sie die bei einer Feuerbestattung gesetzlich vorgeschriebene zweite Leichenschau durchführte.

In einigen Fällen sollen sogar Polizeibeamte versucht haben, die Aufklärung unklarer und nicht natürlicher Todesfälle zu verhindern: Sie drängten den feststellenden Arzt, meistens den Notarzt, *unklare* Todesfälle als *natürlichen* Tod zu bescheinigen, um so keinem Ermittlungszwang ausgesetzt zu sein. Professor Hans Dieter Tröger, Leiter der Rechtsmedizin Hannover, sieht auch so manchen Staatsanwalt einem Zwang ausgesetzt: dem Zwang des kleinen Budgets. Eine Obduktion kostet etwa fünfhundert Euro. Ein Staatsanwalt muss entscheiden: Kann ich die Obduktion bezahlen? Wenn nicht sehr deutliche Anhaltspunkte für ein Fremdverschulden vorliegen, wird der Staatsanwalt eher sagen: Es wird schon ein natürlicher Tod gewesen sein. Hier wird also, so Tröger, aus Sparsamkeit auf die Obduktion verzichtet, begangene Morde werden höchstens durch Zufall entdeckt.

Übrigens nehmen es viele Ärzte auch mit der Diskretion und der formalen Sorgfalt beim Ausfüllen der Todesbescheinigung nicht allzu genau. Da wird der vertrauliche Teil mit dem klinischen Befund mal eben unverschlossen gelassen, werden falsche Namen der Verstorbenen eingetragen, wird Männlein mit Weiblein verwechselt. Vielleicht ist ein Grund für solche Schlampereien darin zu suchen, dass die Verletzung der ärztlichen Pflichten bei der Leichenschau bis dato lediglich als Ordnungswidrigkeit geahndet wird.

Totenschein nur gegen Bargeld – die Ärzte

So oberflächlich und schlampig die Ärzte beim Ausfüllen der Todesbescheinigung vorgehen, so raffiniert und durchtrieben zeigen sie sich, wenn es gilt, die Gebühren für dieselbe einzutreiben. Nach der Bestatter-Durchführungsverordnung muss der sogenannte Leichenschauschein (LSS) beim Verstorbenen bleiben. Dies ist sogar auf dem Umschlag für den LSS ausdrücklich vermerkt. Die Vorschrift dient einerseits dazu, Verwechslungen auszuschließen, zum anderen sollen ansteckende Krankheiten dokumentiert werden. Dennoch nehmen viele Ärzte den LSS nach der Leichenschau einfach in ihre Praxis mit, wohl wissend, dass der Bestatter ohne Totenschein keine Überführung durchführen darf und so gezwungen ist, den Schein in ihrer Praxis abzuholen. Wird der Arzt, etwa vom Bestatter, extra darauf hingewiesen, dass der Schein laut Gesetz vor Ort zu bleiben hat, dann ist eben »zufällig« kein Stempel zur Hand, weshalb der Schein erst in der Praxis vollständig ausgefüllt werden kann.
Dabei könnte der Bestatter seine Anfahrt, die Wartezeit und den Aufwand dem Arzt eigentlich in Rechnung stellen, da dieser eine Dienstleistung von ihm verlangt. Zumal der Bestatter an die Öffnungszeiten des Arztes gebunden ist und eventuell auch noch ein zweites Mal in die Arztpraxis fahren muss, wenn der LSS falsch oder unvollständig ausgefüllt wurde, was

beinahe regelmäßig der Fall ist (siehe vorheriges Kapitel). Die meisten Bestatter sehen von dieser Maßnahme jedoch ab, weil sie wissen, dass Angehörige sich häufig bei Ärzten erkundigen, welchen Bestatter sie empfehlen können.
Die Herausgabe der Todesbescheinigung erfolgt in der Praxis des Arztes oft gegen eine üppige Gebühr, die letzten Endes nicht der Bestatter bezahlt, sondern nur vorlegt und den Angehörigen später in Rechnung stellt. Der Knackpunkt hierbei ist, dass das Bescheinigen des Todes nicht zu den Leistungen der gesetzlichen Krankenkassen gehört und deshalb in der Gebührenordnung für Ärzte nicht fest geregelt ist. Es gilt als privatärztliche Dienstleistung, die der Arzt, je nach Tageszeit, Art des Dienstes (Notdienst) und Entfernung (Wegegeld) unterschiedlich berechnen darf. Manche Ärzte nehmen dafür 70 Euro, andere 100 oder sogar 150 Euro. Selten ist die Rechnung detailliert aufgeschlüsselt, meistens wird nur eine Pauschale vermerkt. Ein Arzt schoss dabei den Vogel ab und verlangte für die Herausgabe der Todesbescheinigung 230 Euro (!). Zu allem Überfluss hatte er in seiner haarsträubenden Rechnung, als Dienstleistung laut Gebührenordnung, allen Ernstes »intensive Beratung« mit Faktor 2,3 deklariert.

Wie im Schlachthaus am Fließband – die Pathologiehelfer

Die Pathologie ist die Sammelstelle jedes größeren Klinikums für Sterbefälle. Diese werden in dem jeweiligen Fachkrankenhaus nur noch vorübergehend bis zur Abholung im Keller aufbewahrt. Jeden Morgen fahren dann zwei Pathologiehelfer mit ihrem Bus »die Runde« und sammeln jeden ein, der in der Nacht oder tags zuvor verstorben ist. Die Leichen werden in der Pathologie so lange gekühlt, bis der Bestatter sie abholt. Bei unklaren Todesursachen werden ihnen dort auch noch Gewebeproben entnommen, oder es wird sogar eine vollständige Obduktion durchgeführt, aber das soll uns hier nicht näher interessieren. Im Gegensatz zu den »normalen« Sterbefällen, die zu Hause oder in Altersheimen eintreten, befinden sich in der Pathologie nur (ehemalige) schwere Krankheitsfälle, ansteckende Krankheiten inklusive.

Dies bedeutet im Klartext: In der Pathologie ist man den Umgang mit Toten nicht nur gewöhnt, wie in Krankenhäusern und Altersheimen, man kennt dort überhaupt nichts anderes. Im Seniorenstift mag das Sterben seiner Bewohner zwar ein routinemäßiger Vorgang sein, aber es wohnen dort noch genügend, die, wenn auch sehr stark eingeschränkt, leben. Im Krankenhaus geht man erst recht davon aus, dass seine Insassen es eines Tages wieder lebendig verlassen werden, sonst würden sie sich erst gar nicht hineinbegeben.

In der Pathologie ist dies alles anders. Hier gibt es, von den wenigen Besuchern wie Studenten und Bestattern abgesehen, nur Leichen, mit denen die Pathologiehelfer den lieben langen Tag zu tun haben. Dies kann auf Dauer nicht ohne Folgen für deren Psyche bleiben.

Nur so ist es zu erklären, dass man in der Pathologie die merkwürdigsten und skurrilsten Typen antrifft. Da sich die Leichen in der Pathologie manchmal wie im Vorratslager stapeln, geht es dort zu wie am Fließband einer Schlachtfabrik: Massenabfertigung von Leichen. Haben die Bestatter die erforderliche Pietät schon lange in den Untiefen ihres halbseidenen Gewerbes verloren, so werden sie von den Pathologiehelfern hierin noch haushoch übertroffen. Diese nämlich werfen manchmal mit Leichen umher wie mit Kartoffelsäcken, lassen die Toten auf Liegewagen gegeneinander krachen, als ob sie zum Autoboxen auf der Kirmes wären. Jegliches Gespür für Würde und Anstand scheint abhanden gekommen. Nur ganz grob strukturierte Charaktere sind dafür geeignet. Man muss an dieser Stelle schon einmal fragen dürfen, was jemanden im Innersten wirklich dazu veranlasst, sich für einen Job wie diesen bereit zu erklären. In dieser Arbeit ist keinerlei pflegerischer oder sozialer Aspekt mehr enthalten. Alles dreht sich nur noch um Leichen oder Leichenteile. Psychologen behaupten, dass der Beruf von Leuten gewählt wird, die so ihre, bewussten oder unbewussten, nekrophilen Neigungen auf legale und gesellschaftlich akzeptierte Weise ausleben können.

Natürlich haben auch die Pathologiehelfer, sonst würden sie in diesem Buch fehlen, eine Möglichkeit gefunden, wie sie an der langen Bereicherungskette des Bestattungsgewerbes finanziell partizipieren können. Auch sie werden vom Bestatter geschmiert und das geschieht folgendermaßen: Das Ankleiden der Leichen, entweder Sterbehemd oder eigene Kleidung, für das normalerweise der Bestatter zuständig ist und dies den Angehörigen eigens in Rechnung stellt, übernehmen die Pathologiehelfer gerne für zehn Euro pro Helfer pro Leiche.

Bei der Masse an Sterbefällen pro Tag kommt da ein hübsches Nebeneinkommen zusammen, ungefähr noch einmal die Höhe ihres Nettogehalts. Natürlich unter der Hand und ohne Wissen und Billigung der Klinikverwaltung.

Apropos ohne Wissen: In der Pathologie wird manchmal auch die Hornhaut von den Augen der Toten für anstehende Transplantationen entnommen – ohne Wissen und Zustimmung der Angehörigen. Bei der Hornhaut fällt dies nämlich nicht weiter auf. Aber dies ist ein anderes Thema und böte wahrscheinlich Stoff für ein weiteres Buch.

Die teuren Toten – wie viel kostet eine Beerdigung?

Laut einer EMNID-Studie schätzen ungefähr ein Drittel der Deutschen die Kosten einer Beerdigung viel zu niedrig ein. Im Juli 2000 beauftragte daher Aeternitas e.V., der Verbraucherschutzverein für das Friedhofs- und Bestattungswesen in Königswinter, ein Marktforschungsinstitut mit der Ermittlung der Beerdigungskosten bei Bestattern. Ziel der Erhebung war es, mittels eines Preisspiegels für größere Transparenz im Bestattungswesen zu sorgen und so nützliche Datenbanken aufzubauen für Verbraucher, Verwaltungen und Bestatter gleichermaßen, vergleichbar mit den örtlichen Mietspiegeln der Immobilienmakler. Nur kurze Zeit später bekamen etliche Bestatter Post ihres Landesverbandes, der sie aufforderte, sich nicht an der Umfrage zu beteiligen und keine Preisangaben zu machen. Der Verband vertrat die Auffassung, dass die Preise im Bestattungsgewerbe unter »ethischen Gesichtspunkten« nicht in den Vordergrund gerückt werden sollten, da es sich dort um Tod und Trauer handele. Geschickt nahm der Bestatterverband der Initiative von Verbraucherschutzverbänden so den Wind aus den Segeln. Immer wieder ziert sich das Gewerbe, wenn es darum geht, den Durchschnittspreis einer Beerdigung zu nennen. Dies sei von den individuellen Wünschen und dem Leistungsumfang abhängig, heißt es. Außerdem erschwerten eine Fülle von Einzelpositionen den Vergleich mit anderen Instituten. Dabei wäre nichts leichter, als die Kosten einer »durchschnittlichen« Bestattung zu ermitteln. Man bräuchte lediglich den Jahresumsatz eines Bestattungsinstitutes durch die Anzahl der Sterbefälle zu teilen. Dies wäre dann zwar kein Betrag, der im Einzelfall zuträfe, würde aber zumindest einen Anhaltspunkt für die Trauernden darstellen, ob sie mit ihren Kosten darunter oder darüber liegen.

Dass sich der Bestatterverband nicht gern in die Karten schauen lässt, ist indes nichts Neues. So wurden mit der Sargindustrie und den Herstellern von Sterbewäsche Absprachen getroffen, die vermeiden sollen, dass die Einkaufspreise der Bestatter in der Öffentlichkeit bekannt werden. Die Bestatterverbände belegen ihre Mitglieder seit jeher mit zahlreichen Vorschriften. Die Vehementeste ist die, dass die Bestatter in ihrer Werbung keine Preise nennen dürfen. Über die Kosten einer Beerdigung wird nicht gerne geredet, obwohl es dabei oft um enorme Summen geht. Mit kühlem Kopf und offener Hand werden die Hinterbliebenen zur Kasse gebeten. Gemeinde und Bestattungsunternehmen, Steinmetze, Blumenhändler und Grabpfleger, sie alle halten die Hand auf. Am Ende bleibt für die Angehörigen oft eine horrende Rechnung. Besonders hart ist dies, weil seit Januar 2004 das Sterbegeld der gesetzlichen Krankenkassen komplett weggefallen ist. Für privat Versicherte galt es ohnehin nie. Der Rat, schon zu Lebzeiten für seinen Tod vorzusorgen, zum Beispiel durch Abschluss eines Vorsorgevertrages, ist zwar vernünftig, aber für die meisten sehr schwer in die Tat umzusetzen. »Nichts ist umsonst«, behauptet ein bekanntes Sprichwort, »nicht einmal der Tod, denn der kostet das Leben.«

Zwischen Pietät und Profit

Die fünf Bestattertypen

Bestatter gibt es ganz unterschiedlicher Art und Herkunft; sie gingen ursprünglich aus Sargtischlereien und Fuhrunternehmen hervor. Die ersten kommerziellen Institute entstanden um 1810 in Preußen. Ähnlich wie in der Gastronomie existieren keine formalen und rechtlichen Zugangsvoraussetzungen für das Gewerbe, weshalb es bisher keine Aufnahme als Vollhandwerk in die Handwerksrolle A der Industrie- und Handelskammer gefunden hat. Es kann im Prinzip jeder, der sich berufen fühlt, Bestatter werden – ein gültiger Gewerbeschein genügt. Viele Bestatter stammen auch aus Familienbetrieben und wachsen in den Beruf hinein.

Seit Oktober 2003 existiert der Lehrberuf der »Bestattungsfachkraft«. Allerdings ist es vielleicht nicht unbedingt ratsam, schon Sechzehn- bis Achtzehnjährige auf Angehörige eines Trauerfalls loszulassen. Seit Februar 2005 gibt es im unterfränkischen Münnerstadt ein Berufsausbildungszentrum für Bestatter.

Einen guten Bestatter zeichnen Einfühlungsvermögen, Beratungskompetenz, Organisationstalent, handwerkliches Geschick und kaufmännische Kenntnisse aus. Aufgrund des massiven Stellenabbaus in vielen traditionellen Branchen sind in letzter Zeit auch einige berufliche Umsteiger, besonders in Ostdeutschland, auf den Beruf aufmerksam geworden. Für diese müssen die hier gemachten Ausführungen gegebenenfalls weiter differenziert werden.

Obwohl der Zugang zu seinem Beruf bei jedem Bestatter unterschiedlich verläuft, hat sich eine Handvoll regelmäßig wiederkehrender Typen herauskristallisiert, die wir im Folgenden kurz idealtypisch charakterisieren wollen.

Der alteingesessene Bestatter

Der Alteingesessene hat den großen Vorteil, dass ihn jeder kennt. Es gibt ihn schon seit Ewigkeiten. Er hat sich in den fünfziger und sechziger Jahren des zwanzigsten Jahrhunderts als Bestattungsunternehmer selbstständig gemacht, in den goldenen Zeiten des Wirtschaftswunders also, das es damals in nahezu allen Branchen gab, auch im Bestattungsgewerbe. Jede Gemeinde hat mindestens einen. Sein Alter dürfte demnach heute um die siebzig Jahre sein. Er ist die altehrwürdige, graue Eminenz, seit fast fünfzig Jahren im Geschäft. Klar, dass ihm von allen Seiten Respekt entgegengebracht wird. Er hat ihn sich verdient, im wahrsten Sinne des Wortes, er ist nämlich Millionär. Das wird man zwangsläufig, wenn man so lange in einer Branche tätig ist, die nur aus wenigen Anbietern besteht. Der Alteingesessene übernimmt in der Regel von allen Bestattern der Stadt die meisten Sterbefälle pro Jahr, ist also Marktführer.
Wie kam er damals auf die Idee, Bestattungsunternehmer zu werden? Wer weiß, vielleicht hatte er nichts gelernt? Oder er hatte etwas gelernt, aber das Geschäft mit dem Tod wollte damals kein anderer machen? Nicht jeder ist dafür geeignet.

Der Friedhofswart behandelt den Alteingesessenen mit respektvoller Hochachtung, denn dieser verkehrt schon länger in der Leichenhalle und auf dem Friedhof als er selbst. Der Alteingesessene kannte schon den Vorgänger des Friedhofswarts, seinen Chef kennt er sowieso, duzt sich sogar mit ihm. Auch sonst kennt er jeden auf dem Friedhofsamt.

Mit der Polizei hat der Alteingesessene oft einen Vertrag, der ihn berechtigt, unnatürliche Todesfälle zu überführen. Jedes Jahr an Weihnachten verteilt er auf der Dienststelle seine Präsente. Wenn er kein privatgewerblicher Unternehmer wäre, könnte man annehmen, er gehöre dort zum Personal, so viele Todesfälle hat er schon mit der Kripo zusammen abgewickelt.
Zur Trauerfeier kommt der Alteingesessene im Mercedes oder im Audi A8. Deswegen ist aber niemand neidisch, denn jeder weiß, womit er sein Geld verdient, und möchte nicht mit ihm tauschen.
Mancher Alteingesessene nimmt sich in der Leichenhalle schon mal etwas mehr heraus als die anderen Bestatter des Ortes. Er reserviert sich eine Kühlzelle für zukünftige Sterbefälle, indem er seine Utensilien darin abstellt und damit seinen Konkurrenten zu verstehen gibt, welche Zelle ausschließlich für ihn vorgesehen ist. So etwas ist rechtlich natürlich nicht erlaubt, aber wen stört's? Den Leichenhallenwart bestimmt nicht. Weshalb nicht, haben wir oben schon erläutert, und die anderen jungen Bestatterkollegen trauen sich nicht aufzubegehren, noch nicht. Mit steigender Zahl der Todesfälle steigt zwar auch deren Ansehen. Aber das braucht Zeit. Meistens so lange, bis der Alteingesessene zu alt ist und sein Geschäft aufgibt oder selbst stirbt.

Der Schreiner

Der Schreiner hat einen völlig anderen Zugang zum Bestatterberuf als der Alteingesessene. Er hatte zunächst mit Bestattungen gar nichts im Sinn, sondern mit Holz, und Särge bestehen bei uns nun einmal üblicherweise aus Holz. Also zimmerte der Schreiner irgendwann einen Sarg, und da lag es nahe, auch den »Rest« mit abzuwickeln, also das Ankleiden des Verstorbenen, das Organisieren des Begräbnisses und so weiter.

Zur Trauerfeier schwingt sich dann der Schreiner samt Gesellen in einen schwarzen Anzug. Dass sie alle normalerweise keinen Anzug tragen, sieht man bei der Beerdigung dann auch. Unten staut sich die Hose zwanzig Zentimeter auf den Schuhen, die ohnehin nicht zum Anzug passen, sondern besser zu einer Bergwanderung. Ist aber nicht weiter schlimm, bei der Handvoll Beerdigungen im Jahr. Soll heißen, das Bestattungsgeschäft ist für den Schreiner mehr oder weniger ein Nebengeschäft. Er macht es halt ab und zu, er nimmt es mit, aber er könnte nie davon leben. Eigentlich ist er gar kein hauptberuflicher Bestatter, sondern eher ein Sarghersteller oder Sargverkäufer. Der Rest ist, wie gesagt, Zusatz. An Betreuungsleistung für die Angehörigen darf man also nicht allzu viel erwarten.

Interessant ist auch, wen der Schreiner so alles zu den Begräbnissen mitnimmt: Gehilfen, die normalerweise bei ihm in der Schreinerei beschäftigt sind. Darunter sind möglicherweise auch ehemalige Strafgefangene, die den Weg aus der Gefängniswerkstatt zu einem Bewährungsarbeitsplatz in seiner Schreinerei gefunden haben und nun als Sargträger bei der Beerdigung dabei sind – Schlägertypen mit tätowierten Unterarmen, die den Verstorbenen zur letzten Ruhestätte begleiten. Die Unterarme wenigstens sieht man nur im Sommer.

Der Spediteur

Der Spediteur ist der klassische Unternehmertyp unter den Bestattern. Im Gegensatz zum Alteingesessenen ist sein Geschäft nicht auf seine Person zugeschnitten, sondern stellt lediglich eine Variante seiner übrigen unternehmerischen Aktivitäten dar. Der Spediteur ist auch ohne Bestattungen schon gut im Geschäft.

Meistens betreibt er Personenbeförderung wie Taxivermietung oder Krankentransporte, seltener erledigt er Warenlieferungen für Firmen. Was liegt da näher als auch noch die »letzte« Beförderung zu übernehmen? Krankenhaus und Tod gehören ja doch irgendwie zusammen, jedenfalls manchmal. Da der Spediteur im Transportgewerbe zu Hause ist, bedeutet ein Todesfall für ihn in erster Linie ein Transportauftrag: Transport aus dem Wohnhaus des Verstorbenen in die Leichenhalle, Transport vom Altenpflegeheim oder Krankenhaus ins Krematorium, Transport von der Leichenhalle zum Friedhof. Weil die Taxis und Krankenwagen des Spediteurs ohnehin regelmäßig in der Stadt und deren Umgebung unterwegs sind, bieten sich ihre Seitenflächen natürlich optimal als gegenseitige Werbeträger an. So weiß jeder, dass die Taxizentrale auch Krankentransporte durchführt, so wie es stadtbekannt ist, auf wen man zurückgreifen kann, »wenn es einmal so weit ist«. Es ergeben sich Synergieeffekte. Der Spediteur steht somit für den Einzug der modernen Betriebswirtschaft ins Bestattungsgewerbe. Folglich ist er der schärfste Konkurrent des Alteingesessenen. Durch seine anderen Unternehmen steht er auf einer soliden wirtschaftlichen Basis und wird nicht so schnell nervös, wenn mal längere Zeit Flaute herrscht, weil Sterbefälle ausbleiben.

In jüngster Zeit haben das Taxigeschäft durch die hohen Benzinpreise und die Krankentransporte durch Gesetzesänderungen zwar wirtschaftlich arg gelitten, aber der Spediteur steht immer noch besser da als die übrigen Mitbewerber. Mit der Zeit wird er den Taxibetrieb vielleicht einstellen und sich (neben seinen Aktivitäten als Bestatter) auf die Krankentransporte konzentrieren, um so sein Überleben zu sichern.

Der Betreuer

Der Betreuer ist der »Intellektuelle« unter den Bestattern. Oft kommt er als Quereinsteiger in die Branche oder hat zuvor studiert. Fast immer stammt er aus den sozialpflegerischen Berufen. Er ist der ehemalige Soziologe, der das Studium vorzeitig abgebrochen oder nach dem Studium keine Anstellung gefunden hat. Manchmal auch der Krankenpfleger, der keine Lust mehr hatte, sich für einen Hungerlohn in der Klinik abzurackern.

Der Betreuer will mit Menschen arbeiten und bringt eine idealistische Einstellung mit. Er stellt den größten Gegensatz zum Schreiner da. Für ihn steht nicht die handwerkliche Abarbeitung eines Sterbefalls im Vordergrund, sondern dessen sozial-emotionale Betreuung. Deswegen kümmert sich der Betreuer auch intensiv um die Angehörigen. Er vollbringt echte Dienstleistung. Seine Beratung dauert mindestens eine Stunde, manchmal auch länger. Der Betreuer verfügt über das taktische Geschick eines Versicherungsvertreters und das Einfühlungsvermögen eines Psychologen. Er stellt sich auf jeden einzelnen Angehörigen ein, und das ist anstrengend, denn oft hat es ein Bestatter mit drei, vier Angehörigen gleichzeitig zu tun, von denen jeder eine andere Meinung vertritt: Der eine ist für einen teuren Eichensarg, der andere für einen schlichten. Einer ist sich sicher, dass der Verstorbene verbrannt werden wollte, der andere meint den gegenteiligen Wunsch deutlich herausgehört zu haben. Der eine will eine offene Aufbahrung, der andere lieber eine geschlossene. Eine Tochter will den Blumenschmuck bei diesem Floristen bestellen, ihre Schwester lieber bei jenem.

Den meisten Bestattern gehen solche Verhandlungen auf die Nerven. Doch dies ist die Stunde des Betreuers, hier läuft er zur Hochform auf.

Er muss die einzelnen Charaktere blitzschnell durchschauen und die richtigen Mittel finden, um beruhigend auf sie einzuwirken. Er versteht es, den ganzen zerstrittenen Haufen unter einen Hut zu bringen, ist also mehr als bloß ein Bestatter, schon eher eine Art Familienberater. Fast übt er die gleiche Vertrauensfunktion aus wie ein Notar.

Außerdem liefert der Betreuer echte Beratung. Bei einer Fülle von Angelegenheiten, die zum Beispiel die Rentenversicherung, Bankformulare oder auch erbrechtliche Fragen betreffen, steht der Betreuer den Angehörigen, sofern sie dies wünschen, ebenfalls zur Seite. In Spezialfällen, in denen der Betreuer an seine fachlichen Grenzen stößt, kann er an kompetente Spezialisten weiter verweisen. Für ihn hört die Betreuung nicht mit dem Tag der Beisetzung auf, sondern er gibt den Angehörigen auch danach Hilfestellung, vermittelt Kontakte zu Trauerbegleitern oder zu Trauerkreisen. Er steht mit seiner Beratungskompetenz fast auf einer Ebene mit einem Arzt oder einem Rechtsanwalt.

Ein Bestattungsauftrag ist für ihn weder Abtransport des Verstorbenen unter möglichst kostengünstigen Aspekten, wie für den Spediteur, noch selbstläufige Routine, wie für den Alteingesessenen. Den Betreuer beschäftigt permanent die optimale Abwicklung eines Sterbefalls. Das bereitet ihm deshalb wenig Schwierigkeiten, weil er aus einer höheren Gesellschaftsschicht stammt als seine Kollegen, über soziale Intelligenz verfügt und in seinem ganzen Auftreten, vor allem in seiner

Sprache, Seriosität vermittelt. Er fährt auch keinen klapprigen alten Kombi als Leichenwagen, der vor Schmutz starrt und in dessen Sargraum neben dem Verstorbenen das Werkzeug herumfliegt; geschweige denn, dass er Zementsäcke aus dem Baumarkt durch die Gegend chauffiert, weil der Leichenwagen innen so schön geräumig ist.

Nein, der Betreuer hat Anstand und Stil und behandelt jeden Verstorbenen wie ein eigenes Familienmitglied. In diesen Dingen ist er Perfektionist. Meist ist er noch relativ jung, und weil der Betreuer so viele Vorteile in sich vereint, ist er äußerst selten anzutreffen – er ist die Ausnahme. Eher finden Sie in einer Stadt ein halbes Dutzend Alteingesessene als einen Betreuer. Aber es gibt ihn. Wer ihn findet, hat Glück.

Der Funeral Master

Mit dem Begriff des *Funeral Master*, zu deutsch »Bestattungsmeister«, versucht die Branche ihr lädiertes Image aufzupolieren. Man will sich von den Feld-, Wald- und Wiesenbestattern abheben. Der Wunsch ist verständlich, es liegt offenbar in der menschlichen Natur, eine Hierarchie einzufordern. Wenn Discjockeys sich Musikmoderatoren nennen dürfen und simple Erbsenzähler sich zum Controller aufschwingen, weshalb dann nicht auch der Bestatter zum Meister?

Dazu musste natürlich, wie so oft, ein Scheinanglizismus her, also die wörtliche Übersetzung eines deutschen Wortes ins Englische oder Amerikanische, ohne dass es die neu geschaffene Bezeichnung in der Fremdsprache tatsächlich gäbe. Es gibt zwar einen *funeral director* (Bestattungsunternehmer) und eine *funeral home* (Leichenhalle), aber eben keinen *funeral master*. Für ungeübte Ohren hört es sich trotzdem beeindruckend an, und das war ja wohl das, was beabsichtigt war.

Auf die Schnapsidee soll übrigens ein bayerischer Bestattungsunternehmer gekommen sein, der, von der Trend- und Coolness-Welle der Neunziger erfasst, den Wunsch verspürte, alles, was mit seinem Gewerbe zusammenhing, auf geschmack- und pietätlose Weise aufzupeppen. Dass Bestatter es mit der Pietät nicht so genau nehmen, wie man es eigentlich erwarten dürfte, wird uns im Folgenden noch öfters beschäftigen. Vielleicht hatte besagter Unternehmer auch zum ersten Mal ein Buch über Marketing gelesen. Es blieb nämlich nicht nur beim *funeral master*, sondern Särge kamen plötzlich als *peace box* daher, und Urnen rehabilitierten sich zur *box of life*. – Wem's gefällt …!

Der »Bundesverband Deutscher Bestatter« ist dann auch gleich aufgesprungen auf den Zug, hat den Begriff übernommen und sogar eigens einen Ausbildungslehrgang dafür geschaffen. Für den Verband dürfte es ein hochwillkommener Anlass gewesen sein, sich endlich auch sprachlich und formal aus den Niederungen des Bestattungsberufes zu erheben. Die Bestatter litten schon immer darunter, ein nur wenig geliebter Berufsstand zu sein, vergleichbar mit Zahnärzten, Betriebsprüfern und Gerichtsvollziehern. Im Mittelalter gehörten sie zu den Vertretern der »unehrlichen« Berufe. »Unehrlich« nannte man damals ein nicht als »ehrbar« geltendes, nicht zunftmäßig organisiertes Gewerbe, eines, das außerhalb der Zunftordnung stand und als anrüchig oder verächtlich angesehen wurde, auf einer Stufe stehend mit den Scharfrichtern. Übrigens galten sie damals gleichermaßen als versoffen.

Dafür, dass sich der Bundesverband Deutscher Bestatter zu solcher Sprachakrobatik aufgeschwungen hat, ist ihm übrigens vom »Verein Deutscher Sprache« der wenig schmeichelhafte Titel des »Sprachpanschers 2001« zuerkannt worden.

Fern von allem Hohn und Spott bliebe jetzt noch abschließend festzustellen, was denn der Ausbildungslehrgang der Bestatter für die Kunden an praktischem Nutzen bringt. Als Zulassungsvoraussetzung für die Prüfung, die von der Handwerkskammer abgenommen wird, gilt, neben der Berufserfahrung, eine abgeschlossene Lehre als Tischler. Da ist sie wieder, die verbindende Nähe zum Schreinerberuf, aus dem der Berufsstand des Bestatters ursprünglich kommt. Zum einen werden psychologisches Wissen, zum anderen kaufmännische und juristische Kenntnisse vermittelt. Ferner ist der Bestatter danach berechtigt, Auszubildende einzustellen. Ist dies alles für die Kunden des Bestatters von Belang? Kaum. Immerhin, jemand der geneigt ist, sich zur *Bestattungsfachkraft* ausbilden zu lassen, zum *Geprüften Bestatter* oder gar zum Bestattermeister bzw. F*uneral* M*aster* (daneben gibt es auch noch die Spezialisierung zum *Geprüften Thanatopraktiker*, zu deutsch: »Leichenschminker«), kann keine völlig primitive Natur sein, und ein gewisses Niveau darf man in diesen Fällen schon erwarten. Aber auch das ist keine Garantie für moralische Gesinnung und schützt letzten Endes nicht davor, abgezockt zu werden.

Dein Freund, Helfer und Abzocker

Der Bestatter

Vergebliche Umsatzprognosen

Der Bestatter kann es drehen und wenden, wie er will – er hat, was seinen Umsatz betrifft, einfach keinen auch nur einigermaßen verlässlichen Maßstab, nach dem er sich richten könnte. Dabei kursieren diesbezüglich die absurdesten Theorien unter den Bestattern. Die meistverbreitete Theorie ist die von der dunklen und der hellen Jahreszeit: Demnach sollen in der »dunklen« Zeit, also von Oktober bis März, mehr Menschen sterben als in den übrigen, »hellen« Monaten. Dieser Annahme wird genau so lange Glauben geschenkt, bis ein Bestatter in den Hochsommermonaten seine Rekordumsätze einfährt. Andere Theorien präsentieren sich dagegen differenzierter. Da ist mal vom Kälteeffekt im Spätherbst und Winter die Rede, der insbesondere den Altersheimbewohnern, etwa durch eine Lungenentzündung, den Garaus machen soll. Gegenteilig wird dann wieder die heiße Hochsommerperiode dafür verantwortlich gemacht, dass es »mit den Aufträgen jetzt bald losgehen« müsse.

Spitzfindigere Naturen sind der Ansicht, dass nicht die absolute Temperatur an sich, wohl aber ihr abrupter Wechsel, extreme Wetterumschläge von einem auf den anderen Tag, die Sterblichkeitsrate erhöhen. »Tiefenpsychologen« unter den Bestattern machen nicht die kalte Jahreszeit für vermehrt auf-

tretende Sterbefälle als Ursache verantwortlich, sondern die weihnachtliche Zeit der Besinnung, die verstärkt zum Jahresende innere Widerstandskräfte erlahmen lasse.
Einige versuchen sogar mittels detailliert erfasster Jahresstatistik wiederkehrende Muster und saisonale Auffälligkeiten zu erkennen – vergeblich!
So ist es nicht verwunderlich, dass mancher Bestatter längst zum Zyniker geworden ist, was die Prognostizierbarkeit seines Gewerbes angeht. Seiner Meinung nach treten Sterbefälle immer dann am häufigsten auf, wenn er in Urlaub gefahren ist und teure Vertretung gebucht hat …

Der Angehörigen Leid, des Bestatters Freud

Für den Bestatter ist jeder Sterbefall von größter Wichtigkeit, weil er relativ wenige Begräbnisse im Monat oder aufs Jahr gesehen auszurichten hat. Sein Gewerbe gilt gemeinhin als krisensicher, aber *so viele* Menschen sterben nun auch wieder nicht. Die deutsche Bevölkerung ist zwar, gemessen im historischen Durchschnitt, stark überaltert, aber die Menschen leben auch immer länger. Ungefähr ein Prozent der Bevölkerung stirbt pro Jahr, etwa 860 000 Menschen. Bei 4000 Bestattungsunternehmen in Deutschland entfallen auf jeden Bestatter mithin durchschnittlich 215 Sterbefälle. Laut *Stern* machte die Branche 1999 einen Umsatz von umgerechnet 2,3 Milliarden Euro – durchschnittlich rund 575 000 Euro pro Bestatter. Die meisten Bestattungsinstitute sind Familienunternehmen ohne feste Angestellte. Die Bruttorendite eines Bestatters, von den Oberfinanzdirektionen bei Betriebsprüfungen ermittelt, beträgt 37 Prozent oder rund 213 000 Euro im Jahr. Man sieht also, im Bestattungsgewerbe lässt sich ganz ordentlich verdienen, ja, man kann langfristig sogar reich werden.

Verglichen mit anderen Freiberuflern, etwa dem Arzt oder dem Rechtsanwalt, benötigt ein Bestatter viel weniger »Kunden«. Wenn er durchschnittlich zehn Sterbefälle pro Monat hat, läuft sein Geschäft hervorragend. Mindestens drei bis vier braucht er zum Überleben. Der Verdienst pro Sterbefall ist dementsprechend relativ hoch: Eine Beerdigung (inklusive Grabstein) kostet die Angehörigen je nach Aufwand bis zu 13 000 Euro. Für den Bestatter bleiben als Nettogewinn vor Steuern zwischen 1500 und 2000 Euro übrig. Wie viel genau, hängt vom Preis des Sarges ab. Die Rendite des Bestatters steht und fällt mit dem Sarg. Angesichts der vergleichsweise geringen Zahl von Aufträgen muss der Bestatter zwangsläufig das denkbar größte Interesse daran haben, jeden möglichen Fall zu ergattern.

Bei Anruf Tod

Es liegt in der Natur seines Berufes, dass der Bestatter sich freut, wenn sein Telefon klingelt. Es kann nur etwas in seinem Sinne Gutes bedeuten, nämlich, dass ein Mensch gestorben ist. So hart das klingen mag – so ist es. Daraus ist dem Bestatter auch kein Vorwurf zu machen. Dass Menschen sterben, ist nicht seine Schuld. Der Arzt verdient bekanntlich auch nur, wenn andere krank sind, und ist deshalb kein schlechterer Mensch.

Der Bestatter freut sich in erster Linie natürlich nicht über den Tod eines Menschen an sich, sondern darüber, dass dessen Angehörige ausgerechnet seine Dienste in Anspruch nehmen und nicht die der Konkurrenz. Wenn sein Telefon klingelt, hegt er also zunächst freudige Erwartung. In den meisten Fällen erfolgt nämlich die »Geschäftsanbahnung« telefonisch. Es gibt zwar auch Fälle, in denen die Angehörigen direkt ohne

Voranmeldung beim Bestatter vorbeikommen – manche klingeln sogar noch in den späten Abendstunden an der Haustür des Bestatters, was er übrigens nicht so gerne hat –, aber das sind die Ausnahmen. Das mit Abstand wichtigste Instrument für den Bestatter ist und bleibt das Telefon. Wer glaubt, nur Börsenmakler schliefen mit einem Telefon unter dem Kopfkissen, der hat noch keinen Bestatter erlebt. Dieser lebt in permanenter Angst, einen Anruf zu verpassen, denn der Kunde ist nach Eintreten eines Todesfalls auf rasche Hilfe angewiesen. Er hat in aller Regel keine Zeit zu warten, er wählt die Nummer der Konkurrenz. Vom Bestatter erwartet man einfach, dass er rund um die Uhr dienstbereit ist, denn in 98 Prozent der häuslichen Sterbefälle möchten die Angehörigen den Toten so schnell wie möglich aus dem Haus haben. Deshalb gehört zu des Bestatters Existenzgrundlagen die ständige telefonische Erreichbarkeit. Seit es Handys gibt, haben sie es immerhin etwas leichter.

Gezielte Desinformation – das Trauergespräch

Nachdem der Bestatter von einem Sterbefall also Kenntnis erlangt hat, kommt es sehr bald zum Termin mit den Angehörigen. Entweder besucht er sie zu Hause oder sie kommen zu ihm ins Büro. Manche »Bestattungsinstitute« hinterlassen dabei schon zu Beginn einen ungepflegten bis unzumutbaren Eindruck. Vergilbte Tapeten und Jalousien im Büro sind genauso an der Tagesordnung wie eine chaotische Schreinerwerkstatt, verschmutzte Teppichböden und abgewohnte Möbel in düsteren, verwinkelten Löchern. Einige Bestatter (vor allem »die Schreiner« unter ihnen) haben überhaupt kein richtiges Büro, sondern ihnen genügt ein von der Küche abgeteilter Sechs-Quadratmeter-Raum als Beratungszimmer.

Der Bestatter führt nun zunächst mit den Angehörigen das sogenannte *Trauergespräch*, das heißt, er bespricht, ob es eine Erd- oder Feuerbestattung werden soll, wer die Kosten übernimmt, wo der Verstorbene beerdigt wird, ob schon ein Grab vorhanden ist, die Traueranzeige, den Blumenschmuck und anders mehr. Während dieses »Trauergespräches« führt mancher Bestatter ungeniert weitere Gespräche im gleichen Raum oder am Telefon (z. B. mit seinen Schreinergesellen) und lässt auch schon mal die Reparatur eines Schreibtischstuhls in aller Ruhe geschehen.

Die »Trauergespräche« sind dann meist von kurzer Dauer, in der Hälfte aller Fälle nicht mehr als etwa fünfzehn Minuten. Eine echte Beratung findet kaum statt. Auch informiert mancher Bestatter die Angehörigen einfach falsch, wenn er die Grabstätte, die er selbst vorher noch nie gesehen hat, als »schöne Anlage« beschreibt und sie sich später bei der Beerdigung dann als ein altes Loch herausstellt.

Naivität als Geschäftsgrundlage

Zum Ausgleich für ihr stark eingeschränktes Privatleben, ihre Rund-um-die-Uhr-Rufbereitschaft an Sonn- und Feiertagen und ihre permanente Angst, einen Sterbefall zu verpassen, haben die Bestatter eine ganze Reihe hinterlistiger Tricks entwickelt, mit denen sie, wann immer sich ihnen die Möglichkeit bietet, die ahnungslosen Angehörigen hemmungslos abzocken und so zu ihrem »verdienten« Ausgleich kommen.
In der Bestattungsbranche ist dies machbar. Hier ist Feilschen und zähes Verhandeln selten. Der Tod eines Familienmitglieds ist für die Angehörigen meist eine psychische Stress- und

Grenzsituation, in der sie viel eher bereit sind, Dinge als gegeben hinzunehmen, die ihnen unter normalen Umständen nie zuzumuten wären.

Statt Menschen, die besonnen planen und rational abwägen, stehen dem Bestatter oft ratlose, in Panik geratene Angehörige gegenüber, überrumpelt und überfordert von einem Lebensende, dessen Möglichkeit im Alltag beharrlich verdrängt wurde. Unter solchem Druck verhandelt man nicht mit dem Bestatter am grünen Tisch detailliert die Kosten einer Beerdigung, wie man es vielleicht tun würde, wenn es um den Kauf eines Autos ginge. Und in der Regel bringt man zum Trauergespräch auch keinen Anwalt mit.

Man ist emotional aufgewühlt, schließlich findet der Besuch beim Bestatter relativ kurz nach dem Tod eines Angehörigen statt. Man ist peinlich berührt, vor einem wildfremden Menschen in Tränen ausbrechen zu müssen, und man möchte nicht als Unmensch erscheinen, dem die »notwendigen Auslagen« für das verstorbenen Familienmitglied zu hoch sind. Manchmal hat der Verstorbene noch zu Lebzeiten für seine Beerdigung finanziell vorgesorgt, man gibt also nicht sein eigenes Geld aus. In anderen Fällen ist vom Verstorbenen eine kleine oder größere Erbschaft zu erwarten, sodass es auf »ein paar Euro« mehr oder weniger nicht ankommt. Vor allem aber möchte man die ganze unangenehme Angelegenheit so schnell wie möglich hinter sich bringen und ist an Details nicht allzu sehr interessiert. Der Tod und alles, was damit zusammenhängt, ist noch immer ein großes Tabuthema in Deutschland.

Der Bestatter weiß dies alles sehr wohl, und gerade deshalb ist es ihm ein Leichtes, auch unseriöse Praktiken anzuwenden und den Angehörigen das Geld aus der Tasche zu ziehen. Der Bestatter ist gegenüber den vor ihm Sitzenden nämlich im Vorteil; nicht, weil er mit dem Verstorbenen in der Regel nichts zu tun hatte, ihn wahrscheinlich gar nicht kannte, und auch nicht, weil er etwa über Herrschaftswissen verfügte, dessen Erlangung für Außenstehende schwer zugänglich wäre. Nein, der Bestatter ist deswegen im Vorteil, weil er durch seine jahrelange Arbeit mit Leichen und dem Tod in all seinen Facetten dermaßen abgestumpft und zum Zyniker geworden ist, dass für ihn das Bestattungsgeschäft eben in keiner Weise mehr etwas Besonderes darstellt. Für ihn ist es ein Gewerbe wie jedes andere auch. Folglich kann er auch schalten und walten, wie es in anderen Branchen üblich ist. Und genau so, wie eine unseriöse Kfz-Werkstatt spielend die Rechnung hochtreibt, indem sie ihren ahnungslosen Kunden weismacht, dieses oder jenes teure Teil am Fahrzeug sei defekt und müsse dringend erneuert werden, so kann auch der Bestatter munter an der Kostenschraube drehen – zu Lasten der Kunden. Denn er kann davon ausgehen, dass diese ihm nicht allzu genau auf die Finger schauen werden; aus falsch verstandener Pietät haben sie davor eine viel zu große Scheu.

Offen oder geschlossen?

Für jeden natürlichen Todesfall gilt in der Regel eine der folgenden drei Möglichkeiten:

1. der Verstorbene verstarb zu Hause,
2. er verstarb im Altersheim (Seniorenstift, betreutes Wohnen),
3. er verstarb im Krankenhaus (Klinikum).

Nach dem Trauergespräch regelt der Bestatter nun den nachfolgenden organisatorischen Ablauf, das heißt die Überführung des Toten vom Sterbeort zur Leichenhalle. Die Gretchenfrage, die sich jetzt für den Bestatter stellt, und die vom Wunsch der Angehörigen abhängig ist, lautet: Soll der Ver-

storbene während der Zeit bis zum Beerdigungstermin offen aufgebahrt oder in einem verschlossen Sarg liegen? – Offen oder geschlossen? Je nachdem, welche Variante gewählt wird, ergeben sich für den Bestatter unterschiedliche Möglichkeiten des Abzockens.
Dazu später mehr. Zunächst wollen wir uns noch etwas mit dem Bestatter selbst beschäftigen.

Jenseits aller Pietät

Die Methoden der Bestatter

Die nervenden Angehörigen

Nirgendwo sonst zeigt sich die heuchlerische Doppelmoral des Gewerbes deutlicher als beim ersten Kontakt des Bestatters mit seinen Kunden. Es versteht sich von selbst, dass der Bestatter die Angehörigen, die bei ihm vorstellig werden, nicht, wie sonst bei Geschäftsanbahnungen üblich, mit einem freudestrahlenden Lächeln begrüßen kann. Auch wenn ihm selbst danach wäre, weil er gerade gut gelaunt ist, muss er von Berufs wegen die berühmte Leichenbittermiene aufsetzen. Das erste, was der Bestatter deshalb zu den Angehörigen sagt, wenn er ihnen die Hand gibt, ist nicht »Guten Tag«, denn ein guter Tag ist es für sie ja nicht, sondern: »Herzliches Beileid«. Dabei tut dem Bestatter überhaupt nichts leid – warum auch? Er wird ab jetzt eine ordentliche Stange Geld verdienen. Mit dem Verstorbenen selbst hatte er ja nichts zu tun, und genau hier beginnt die Heuchelei.
Der Bestatter muss nicht mit den Angehörigen mittrauern oder gar mitweinen; seine Aufgabe besteht darin, die ganze Angelegenheit nüchtern und emotionslos abzuwickeln. Nur, dass der andere Teil in den seltensten Fällen ebenso nüchtern und emotionslos ist. Der Bestatter sieht sich den unterschiedlichsten Verhaltensweisen gegenüber, in denen die Hinterbliebenen ihrer Trauer Ausdruck verleihen. Im günstigsten Fall

hat er es mit weinerlichen Angehörigen zu tun, im ungünstigsten Fall heult jemand vor ihm wie ein Schlosshund. Es ist nicht immer einfach, damit umzugehen.

Aber damit nicht genug. Es gibt auch Herrschaften, die in Gruppen zum Bestatter kommen. Das ist meist dann der Fall, wenn der Verstorbene viele Geschwister oder Kinder hatte. Und zwischen diesen, ob traurig oder nicht, kommt es häufig zu einem Disput, weil jeder mitbestimmen will, was nun zu geschehen hat. Der Bestatter will sich eigentlich weder die Krankheiten und den langen Leidensweg des Verstorbenen in allen Einzelheiten anhören noch will er genau wissen, wer warum und seit wann zu dem Verstorbenen das beste Verhältnis hatte. Ihn interessiert auch nicht, was für ein prachtvoller Mensch dieser zu Lebzeiten war. Wenn er dies alles hätte wissen wollen, wäre er Sozialarbeiter geworden oder Psychotherapeut. Der Bestatter will – wie jeder Geschäftsmann – Geld verdienen. – Punkt!

Als emotionales Ventil angesichts all des Unerfreulichen, das er unfreiwillig zu hören kriegt, aber aus Professionalität zu ertragen gezwungen ist, bleibt einem Bestatter oft nur, über die Angehörigen ordentlich abzulästern, kaum dass er die Tür hinter ihnen geschlossen hat. Erstaunliche Imitationstalente treten dabei bisweilen zutage.

Bestattergehilfen – eine illustre Gesellschaft

Wenn die Angehörigen wüssten, was der Bestatter wirklich denkt und wie er bei seinen Mitarbeitern über sie herzieht, wären sie wohl ziemlich brüskiert. Doch meist erfahren sie davon genauso wenig wie über das Vorleben desjenigen, bei dem sie soeben vorstellig geworden sind, oder das seiner Mitarbeiter. Ein Gewerbe, das kaum jemand ausüben will, ist zum Auffangbecken für gescheiterte Existenzen und zwielichtige Gestalten geworden. Für in die Jahre gekommene Zuhälter zum Beispiel, die sich mit ihrem zur Seite gelegten Schwarzgeld ins Bestattergewerbe eingekauft und ein Bestattungsinstitut übernommen haben, das von seinem Besitzer aus Altersgründen aufgegeben werden musste. Mancher Kriminelle, der sich auf krummen Touren erwischen ließ, nutzte nach seiner Haftentlassung die Chance, bei einem Bestatter als Gehilfe anzuheuern. Und zu denen, die früher mit krimineller Energie ihren Lebensunterhalt bestritten, gesellen sich im Bestattergewerbe durchaus auch Alkoholiker, die in anderen Berufen mit Kundenkontakt längst keine Beschäftigungsmöglichkeit mehr finden. Sie taumeln beim Abholen des Verstorbenen vor den Angehörigen herum und blasen ihnen zur Begrüßung erst einmal ihre Fahne ins Gesicht. Da ist auch schon mal am Tag der Beisetzung in der Leichenhalle der Sarg verwechselt worden, sodass um ein Haar der falsche Verstorbene zum Grab geleitet worden wäre.

Die Angehörigen erwarten zu Recht, dass jemand, der diesen Beruf ausübt, ein seriöses Auftreten und gute Umgangsformen besitzt. In Anwesenheit des Toten sollte er sich immer so verhalten, als sei die Familie des Verstorbenen zugegen. Dass dies längst nicht immer vorausgesetzt werden kann, zeigen Fälle, in denen Mitarbeiter von Bestattungsunternehmen, wenn sie sich unbeobachtet fühlten, ohne Weiteres auf eine Trage verzichten, um den Toten abzutransportieren. Sie nehmen ihn dann einfach an den Füßen und schleifen ihn, auf dem Rücken liegend, aus der Wohnung. Ein würdevoller Abschied sieht anders aus.

Mit der Sensibilität, die die Hinterbliebenen im Trauergespräch beim Bestatter noch zu erkennen meinen, ist es im Arbeitsalltag schnell vorbei. Mancher Bestatter nahm auch schon seinen minderjährigen Sohn mit, wenn er zum Einsargen fuhr, um ihn als seinen zukünftigen Nachfolger langsam »einzuarbeiten«. Andere schreckten nicht davor zurück, eine Neunklässlerin, die um einen Praktikumsplatz vorsprach, sofort zu einem Hausbesuch mitzunehmen und anschließend in die Leichenhalle.

Weitere Geschmacklosigkeiten geschehen, von denen die Kunden nichts ahnen: Hier werden Särge mit Inhalt im Bestattungsinstitut zwischen Müll und Sperrholzplatten abgestellt, dort werden Tote tagelang im Wohnwagen oder im Hof zwischengelagert, in der Nähe spielender Kinder. Mancher Bestatter ist so pragmatisch und bettet einen Verstorbenen sogar mitten im Hof seines Anwesens von der Abholtrage in den Sarg um, während das Tor zu seiner Hofeinfahrt die ganze Zeit offen steht und jeden Moment jemand von der Straße hereinspazieren kann.

All diese Dinge geschehen aus Bequemlichkeit und auch, um Zeit oder die Kosten für die Aufbahrung in der Leichenhalle zu sparen.

Genauso pietätlos ist es, wenn Bestattergehilfen – auch das kommt vor – mit den ihnen anvertrauten Verstorbenen groben Unfug treiben, zur eigenen Belustigung deren Gliedmaßen entstellen oder von den Leichen makabre Fotos schießen. Und so unwürdig es auch ist, es werden sogar Wetten darauf abgeschlossen, wer von den Altersheimbewohnern am ehesten eine kalte Winternacht nicht überleben wird.

Dass bei den Bestattern viele Gehilfen mit einer zwielichtigen Vergangenheit zu finden sind, ist nicht verwunderlich, zumal die Berufsausübung an keinerlei Ausbildungsvoraussetzung gebunden ist. Bisher gibt es keinen ordentlichen Ausbildungsgang, der in diesen Beruf führt. Zwar wurde in jüngster Zeit vom Verband versucht, so etwas wie eine Berufsordnung und anerkannte Ausbildungsrichtlinien zu schaffen (siehe Abschnitt »Der Funeral Master«), aber diese neue Ausrichtung des Bestatterberufes steckt noch in den Kinderschuhen; außerdem ist die Mitgliedschaft im Verband nicht Pflicht.

Auch für die Gastronomie (ein Vergleich des Bestatterberufes mit ihr bietet sich immer wieder an), existiert eine Standesorganisation, der Deutsche Hotel- und Gaststättenverband. Trotzdem kann jeder, der will, eine Kneipe aufmachen und dann auch jeden einstellen, den er will. So kommt es zwangsläufig dazu, dass Berufe in gewissen Branchen auf der Skala des gesellschaftlichen Ansehens ganz unten angesiedelt sind: Außer der Kneipengastronomie gehören Spielhallen- und Automatenbetriebe dazu, das Schaustellergewerbe und eben die Bestattungsbranche.

Selbstverständlich gibt es Ausnahmen. In allen diesen Branchen existieren betriebswirtschaftlich exzellent geführte Premiummarken, Betriebe, die sich Qualität und Seriosität auf die Fahne geschrieben haben und sich von der Masse ihres Gewerbes positiv abheben. Aber das sind Ausnahmen, zu rechnen ist mit ihnen nicht. Der überwiegende Teil der Marktteilnehmer in diesen Branchen dürfte das Image, das sie in der Öffentlichkeit genießen, auch bestätigen. Und so sind in den Bestattungsinstituten manchmal Leute aus dem kriminellen Milieu beschäftigt, die mit Hausdurchsuchungen und Gerichtsterminen wohlvertraut sind, wieder andere stehen permanent unter Psychopharmaka oder sind ehemalige Insassen einer geschlossenen psychiatrischen Abteilung.

Dass diese Leute, die irgendwo in der Gesellschaft ihr Auskommen suchen müssen, dann durch Zufall oder Kontakt mit ihresgleichen in der Bestattungsbranche landen, ist nur konsequent. Hier lässt sich ohne Ausbildung und Qualifikation relativ gut verdienen. Die Niederungen des Lebens meist von Kindesbeinen an gewöhnt, schreckt sie die Hürde nicht, die diese Tätigkeit für viele andere Leute darstellt. Mangels anderer Möglichkeiten können sie es sich auch nicht aussuchen. Die überdurchschnittliche Bezahlung, der »Anblick- und Ekelzuschlag« in dieser Branche, lässt sich mit den sonst üblichen Stundenlöhnen für Ungelernte nicht vergleichen. Sie ist doppelt bis dreimal so hoch. Auch das ist ein guter Grund, über die Unannehmlichkeiten der Tätigkeit hinwegzusehen.

Die Bereitschaft (und die Kaltblütigkeit), diesen Job auszuführen, ist natürlich in keiner Weise eine Garantie für einen hygienische Umgang mit sich und den Toten. Und so nehmen die Bestattergehilfen es oft mit der Sauberkeit nicht allzu genau. Vor den Angehörigen werden beim Abholen des Verstorbenen zwar noch, gewissermaßen als »Showeinlage«, die Handschuhe übergestreift, aber schon bei der weiteren Versorgung des Toten in der Leichenhalle fällt dieser Vorgang häufig weg. Dort wird diese lästige Unterbrechung aus Bequemlichkeit vermieden und einfach mit bloßen Händen in den Sarg gegriffen. Auf das anschließende Händewaschen und -desinfizieren, wie es eigentlich geboten wäre, verzichtet man dann ebenfalls recht gern.

Auch manche Bestatter selbst nehmen es mit der Sauberkeit nicht allzu genau. Dies zeigt sich nicht nur bei ihrem Leichenwagen, mit dem sie die Verstorbenen überführen: muffig riechende, alte Kastenwagen, innen völlig verdreckt. Vom dem äußeren Erscheinungsbild eines Bestatters kann man leicht auf dessen hygienische Einstellung schließen: schmuddlig wirkende Männer, die ihre schwarzen Kittel nicht nur bei der Arbeit tragen, sondern auch dann noch, wenn sie zur Beurkundung eines Sterbefalls aufs Standesamt gehen oder die Angehörigen zum Beratungsgespräch besuchen. Ihre Bestattergehilfen stehen ihnen – wen wundert's – in dieser Hinsicht kaum nach.

Mythos »Leichenwäscher«?

Schon seit ewigen Zeiten kursieren die verrücktesten Gerüchte über die Tätigkeit der sogenannten »Leichenwäscher«. So ist es weit verbreitete Meinung, es gäbe in der pathologischen Abteilung jeder Klinik hoch bezahlte Jobs, in denen man den ganzen Tag nichts anderes zu tun bräuchte als Leichen zu waschen. Von den Verdienstmöglichkeiten motiviert, suchen manche ehrgeizige Naturen sogar per Inserat im Internet nach einer solchen vermeintlich einträglichen Stelle. Das ist natürlich Unsinn, denn Pathologiehelfer waschen keine Leichen, sondern bereiten diese lediglich zur Obduktion oder zur Abholung vor.

Allerdings gehört es zur Aufgabe des Bestatters, Leichen, nämlich frisch Verstorbene, ansprechend zur Aufbahrung herzurichten. Gewaschen, im Sinne einer Reinigung des völlig entkleideten Körpers, wie dies im frühen Mittelalter noch Aufgabe der *Totenfrau* (auch *Toten-* oder *Leichenwäscherin*) war, wird jedoch auch hier nicht. Lediglich sehr stark verunstaltete Unfall-, Mord- oder Selbstmordopfer werden durch einen eigens hierfür geschulten *Thanatopraktiker* kosmetisch wiederhergestellt. Für dieses Herrichten der Toten – Haare kämmen, Zähne einsetzen, Verschließen des Mundes, Säubern des Gesichts – hat sich in der Umgangssprache verkürzt der Name *Leichenwäscher* eingebürgert.

Rüde Ankleidetechniken

Verstorbene müssen vom Bestatter und seinen Gehilfen häufig angekleidet werden. Ganz gleich, ob der Sarg offen aufgebahrt wird oder verschlossen bleibt – das Ankleiden ihrer toten Familienmitglieder steht bei vielen Angehörigen ganz

oben auf der Wunschliste. In mehr als der Hälfte aller Sterbefälle wird dies gewünscht, werden folglich Kleider des Verstorbenen dem Bestatter mitgegeben.
Bei weiblichen Toten sind dies meist nur wenige Kleidungsstücke, mit einem langen Kleid ist der Zweck in der Hauptsache schon erfüllt. Männliche Tote dagegen verursachen einen ungleich höheren Aufwand. Gerade bei Familienoberhäuptern liegt es oft im Bestreben der Angehörigen, diese auf äußerst feudale Weise, im Nadelstreifenanzug mit Hemd, Krawatte und Lackschuhen herrichten zu lassen, selbst wenn der Verstorbene zu Lebzeiten diese Kleider so gut wie nie trug. Das Begräbnis wird hier offensichtlich als ein Festakt, wenngleich aus traurigem Anlass, angesehen, für den man angemessen gekleidet sein muss.
Solche Arbeit ist dem Bestatter verständlicherweise gleich doppelt verhasst. Zum einen verdient er nichts an der Beschaffung der Kleider, da sie ja von der Familie des Verstorbenen gestellt werden. Verdienen würde er nur am Leichenhemd. Zum anderen obliegt nun ihm und seinem Personal die ehrenvolle, aber höchst umständliche Aufgabe, einen völlig starren, eventuell noch schweren, zu keinerlei Entgegenkommen bereiten Körper in eine komplette Anzuggarnitur mit Hemd, Krawatte und Unterwäsche zu zwingen. Erschwerend kommt hinzu, dass die Kleider, die der Verstorbene zum Abschied erhält, oft aus einer Zeit stammen, als dieser noch wesentlich jünger und auch schlanker war. Sie sind also in der Regel ein bis zwei Nummern zu klein. Und genau dies ist der eigentliche Horror, den der Bestatter fürchtet (nicht der gewöhnliche Umgang mit den Toten): eine Stunde zu zweit in der Leichenhalle zu stehen und sich an einer Leiche mit dem Anzug abzumühen und den Krawattenknoten in Form zu zupfen, ohne damit auch nur einen Schritt weiterzukommen.
In vielen Fällen wollen die Angehörigen, bevor der Sarg ver-

schlossen wird, den Verstorbenen noch einmal sehen und sich von ihm verabschieden. Genau zu diesem Zweck soll er ja hergerichtet und angezogen werden. Der Bestatter kommt ums Anziehen also nicht herum. Auch wenn der Anzug des Verstorbenen noch so eng ist, die Angehörigen wollen den Toten in genau *diesen* ausgewählten Kleidern sehen; Verhandeln ist für den Bestatter da nicht drin. Zwar kommt auch ab und zu der umgekehrte Fall vor, nämlich, dass der Tote stark abgemagert und ihm alles viel zu groß ist. In diesen Fällen wählen die Angehörigen aber ironischerweise meist die einfachere Variante mit dem Leichenhemd.

Beim Anziehen des Verstorbenen bedienen sich Bestatter und Gehilfen ziemlich rüder Methoden, um die Leichenstarre, die bereits zwei Stunden nach Eintritt des Todes einsetzt und sich nach acht Stunden kräftig herausgebildet hat, zu brechen und ihn doch noch in die gewünschten Kleider zu bekommen. Hemden und Jacketts werden bei dieser brutalen Leichenbehandlung fast nie *angezogen*, sondern am Rücken der Längsseite nach bis zum Kragen *aufgeschnitten* und anschließend so um die Leiche *gelegt*, dass es wie angezogen aussieht. Manchmal ist den Bestattern die Arbeit mit der Schere auch zu aufwendig. Dann wird das Sakko kurzerhand der Länge nach *aufgerissen.*

In Fällen, in denen die Angehörigen darauf verzichtet haben, den Verstorbenen vor Verschließen des Sarges noch einmal zu betrachten, verzichtet der Bestatter meist auf die mühselige Prozedur des Ankleidens. Die Kleidung wird dem Toten dann rein »symbolisch« über den Körper gelegt. Die Unterwäsche fliegt ohnehin direkt aus der Tüte in den Sarg, was den Bestatter jedoch nicht daran hindert, den Angehörigen das vollständige Ankleiden des Toten in Rechnung zu stellen.

Müllentsorgung in den Sarg

Es wäre interessant, wenn die Angehörigen manchmal den Bestatter bitten würden, den Sarg kurz vor der Beerdigung noch einmal zu öffnen. Was sie dann alles zu sehen bekämen, würde ihnen wahrscheinlich die Sprache verschlagen. Nicht nur, was *nicht* darin ist, aber trotzdem in Rechnung gestellt wird (dazu kommen wir noch), sondern auch, *was* sich darin befindet: Toilettenpapierrollen zum Beispiel. Wenn der Verstorbene in der Leichenhalle offen aufgebahrt wird, dienen sie als unsichtbare Kopfstütze unter dem Kissen, damit der Kopf schön gerade liegt und nicht zur Seite wegkippen kann. Wird der Sargdeckel zugemacht, lässt man sie aus Bequemlichkeit einfach darin oder vergisst sie. Auch benutzte Gummihandschuhe (falls der Bestatter und seine Helfer sie verwendet haben), Papierhandtücher, die bei der Leichenhygiene verwendet wurden, die Plastikfolie, in der das Leichenhemd verpackt war, und sonstiger Abfall. In Düsseldorf wurde jüngst ein Fall bekannt, bei dem der Bestatter sogar seinen gesamten privaten Hausmüll in den Sarg entsorgt hatte.

Konkurrenz, die über Leichen geht

Wenn es darum geht, Newcomer der Branche aus dem Geschäft zu drängen, schrecken manche Bestatter vor nichts zurück und machen dabei nicht einmal vor den Toten halt. Da werden Gräber auf dem Friedhof beschädigt, wird der Blumenschmuck der Trauerfeier zersaust oder an den Särgen der Kollegen manipuliert.

Der Konkurrenzkampf um die Kunden der Bestatter wird sogar in den Kühlzellen der Leichenhalle ausgefochten, sehr zum Nachteil der dort aufbewahrten Toten:

Bestatter machen sich an den offen aufgebahrten Verstorbenen ihrer Kollegen zu schaffen, entstellen diese, reißen deren Mund, der zuvor mit Kleber verschlossen wurde, wieder sperrangelweit weit auf, sodass die Leimfäden das Gesicht herunterhängen. Die Angehörigen, die während der Zeit bis zur Beisetzung ihr Familienmitglied im Schaugang der Leichenhalle besuchen, sind natürlich entsetzt und schreiben diese Verunstaltung *ihrem* Bestatter zu. Auf diese Weise hoffen manche alteingesessenen Bestatter, dass dem lästigen Neukonkurrenten schlechte Arbeit nachgesagt wird. Beim geschlossenen Sarg, an dessen Inhalt sie nicht mehr so leicht herankommen, greifen von Konkurrenzneid zerfressene Bestatter mitunter auch zu härteren Methoden:

Sie stellen in der Kühlzelle die Dekorationskerzen, die normalerweise nie abgebrannt werden, auf den Sarg und zünden sie an, in der Hoffnung, dass sie bis zum Beisetzungstermin heruntergebrannt sein werden und der Sarg mit dem Verstorbenen in Flammen aufgehen wird. Damit wäre der lästige Konkurrent natürlich erledigt, wenn sich auf dem Friedhof herumspricht, dass dessen Sterbefälle in der Leichenhalle bisweilen den Flammen zum Opfer fallen.

Dass Bestatter sich untereinander nicht das Schwarze unter dem Fingernagel gönnen, zeigt sich auch beim Umgang mit den Sarglieferanten. Auf diese wird von Großabnehmern der Branche gerne Druck ausgeübt, um sie zu bewegen, lästige Mitbewerber nicht weiter zu beliefern. Sonst drohen ihnen vonseiten ihrer Großkunden erhebliche Geschäftseinbußen. Dem Konkurrenten sollen so die günstigen Bezugsquellen abspenstig gemacht werden. Insbesondere kleine Familienbetriebe bleiben dadurch auf der Strecke.

Die Gerüchteküche brodelt

Auch Gerüchte werden gerne verbreitet, um der Konkurrenz zu schaden. So wird beispielsweise über Mitbewerber erzählt, es käme bei ihnen öfters zur Verwechselung der Urnen mit der Asche der Verstorbenen – obwohl die Einäscherung ja im Krematorium geschieht und der Bestatter wenig Einfluss darauf hat. Es sei denn, er liefert die falsche Person ein und vertauscht auch noch absichtlich den Namen auf dem Begleitschein mit dem eines anderen Toten, der feuerbestattet wird. Das ist aber sehr unwahrscheinlich.

Im Krematorium wird übrigens, um Verwechslungen bei der Verbrennung auszuschließen, stets eine Kennnummer (Schamottestein) in den Sarg gelegt. Diese ist feuerunverwüstlich und landet am Ende zusammen mit der Asche im Auffanggefäß. Verwechslungen sind hier also ausgeschlossen.

Ferner wird Bestattern nachgesagt, sie hätten wegen ihrer schlechten Arbeit eine Zeit lang Friedhofsverbot und dürften keine Sterbefälle mehr annehmen, was natürlich frei erfunden ist.

Ein Paradies für Nekrophile?

Ich weiß, jetzt wird's heikel, aber auch dieses traurige Kapitel gehört dazu. Es kursieren in der Branche Gerüchte, dass einzelne Bestatter gern an Leichen herumfummeln. Und zwar bevorzugt an jungen weiblichen Leichen. Falls einig Leser schon früher entsprechende Befürchtungen gehegt haben sollten – es ist nicht auszuschließen, dass ihre Sorgen in einzelnen Fällen ihre Berechtigung haben.

Makabre Kundenwerbung

Normalerweise umwirbt ein Bestatter keine Kunden. Er bietet schließlich eine Leistung an, für die zwar irgendwann Bedarf, aber bei gesunden Menschen kein Bedürfnis herrscht. Folglich macht es auch wenig Sinn, die Nachfrage danach durch Werbung künstlich steigern zu wollen. Lediglich auf seine Vorzüge gegenüber der Konkurrenz könnte er dezent hinweisen. Ähnlich wie es den Rechtsanwälten bis vor wenigen Jahren noch untersagt war, marktschreierisch für sich Werbung zu machen, verbietet sich das aus Pietätsgründen auch für den Bestatter. Er vertraut auf seinen guten Namen (sofern die Leute von seinen etwaigen kleinen schmutzigen Tricks nichts ahnen) und darauf, dass er durch Mund-zu-Mund-Propaganda weiterempfohlen wird.

Wenn er clever ist, entwickelt er ein großseitiges informatives Faltblatt, das auf die zahlreichen Maßnahmen hinweist, die im Sterbefall zu unternehmen sind und lässt es als Zeitungsbeilage in den Briefkästen seiner Stadt verteilen. So etwas geht zwar ins Geld, ist aber seriös und effektiv. Viele Leser heften es sich ab und kommen im Bedarfsfall wahrscheinlich darauf zurück. Sonst taucht sein Name in Zeitungsannoncen nur in der Sterbeanzeige auf, damit die Leute wissen, wer die Beerdigung durchführt.

Da mutet es schon äußerst makaber an, wenn Bestatter, die neben ihrem Bestattungsgewerbe auch Krankentransporte durchführen, den Angehörigen todkranker Patienten im Krankenhaus die Visitenkarte in die Hand drücken, mit den Worten: »Wenn es so weit ist, wissen Sie ja, wen Sie anrufen können!« Bestattungen sind eben, außer für Bestatter, kein Gewerbe wie jedes andere. Aber wir haben ja schon mehrfach erfahren, dass manche Bestatter in Pietätsfragen vor nichts zurückschrecken.

Skrupellose Abzocke

Die Tricks der Bestatter

Wie wir gesehen haben, ist so manchem Bestatter nichts heilig. Die Toten nicht, die Angehörigen nicht und deren Geld schon gar nicht. Jetzt ist es also so weit: Das Telefon hat geläutet, er hat einen Bestattungsauftrag übernommen, das berüchtigte Trauergespräch mit den Angehörigen geführt, den Toten mittels Blechsarg oder Sackkarre provisorisch zur Leichenhalle überführt. Ab jetzt kann er sich ganz den finanziellen Aspekten seiner Tätigkeit widmen, denn nur mit den offiziell vereinbarten Verdienstmöglichkeiten gibt sich kaum ein Bestatter zufrieden.

Das Sarg-Verkaufsgespräch – Pietätspreise für ein Stück Holz

Ein alter Trick ist folgender: Angehörige, die mit einem Sterbefall zu ihm kommen, lässt der Bestatter erst einmal in Ruhe erzählen, was ihnen auf dem Herzen liegt. Dies hat einen einfachen psychologischen Hintergrund: Je länger die Trauernden ihren Kummer abladen können, desto mehr gewinnen sie Vertrauen zum Bestatter und desto leichter sind sie von ihm zu beeinflussen. Viele haben Angst davor, einen Sarg für ihren Verstorbenen auszusuchen. Durch den Sarg wird ihnen die unwiderrufliche Endgültigkeit des Geschehenen erst richtig bewusst. Sie zögern, wissen nicht, für welches Modell sie sich entscheiden sollen. Der Bestatter packt solche Unentschlossenen gerne bei der »Ehre«, indem er ihnen ein teures Sargmodell anbietet und darauf hinweist, dass dieses wohl für den lieben Verstorbenen gerade gut genug sei. Dass sie sich vertrauensselig in die Fänge einer gnadenlosen Abzock-Maschinerie begeben haben, ist den Angehörigen dabei meist nicht bewusst.

Wie bereits erwähnt, steht und fällt die Rentabilität einer Beerdigung für den Bestatter mit dem Sarg, denn dieser ist später der größte Posten auf seiner Rechnung. Deshalb sind Feuerbestattungen bei den Bestattern auch nicht sehr beliebt. An der Urne kann er nicht viel verdienen – und auch nicht viel abzocken. Der Urnenpreis fängt schon bei etwa 20 Euro an und hört bei maximal 500 Euro auf. Letztere ist dann aber eine Super-de-luxe-Ausführung und verkauft sich alle Schaltjahre einmal. Im Durchschnitt sind Urnen für 100 bis 200 Euro zu haben. Die Särge dagegen, mit Ausnahme der billigen Verbrennersärge, beginnen bei etwa 1000 Euro. Für diesen Preis bekommt man aber gerade mal das Sozialfallmodell, das heißt schlichte Särge aus Kiefern- oder Fichtenholz, vorgesehen für Kunden, die jeden Cent dreimal umdrehen müssen. Die Särge der oberen Preisklasse, schwere Truhen aus massivem Eichenholz, elitäre Kirschbaumsärge, Mahagonimodelle und amerikanische Särge mit allem möglichen Schnickschnack kosten bis zu 9000 Euro. Natürlich nicht genau diesen runden Betrag, sondern knapp darunter, 8950 Euro oder so, die übliche Augenwischerei eben. Es liegt auf der Hand, wo der Gewinn für den Bestatter liegt. Besonders, wenn man berücksichtigt, dass der Kalkulationsaufschlag auf den Einkaufspreis der Särge einige Hundert Prozent beträgt. Das ist schon enorm für ein Stück Holz. Große Wertschöpfungsprozesse finden bei der Herstellung eines Sarges ja nicht statt.

Jeder Schreiner in seiner Hinterhofwerkstatt kann im Prinzip so einen Sarg billiger herstellen. Manche machen das auch und führen die Beerdigung ebenfalls durch, sind aber eigentlich keine hauptberuflichen Bestatter (vgl. den Abschnitt »Der Schreiner«).
Der Clou beim Sargpreis liegt einfach darin, dass niemand sich in der Schreinerei separat einen Sarg anfertigen lässt und anschließend damit zum Bestatter marschiert, um die Beerdigung seines verstorbenen Angehörigen in eben diesem Sarg in Auftrag zu geben. Der Bestatter, wohl wissend, dass damit sein Gewinn fast völlig dahin wäre, würde den Auftrag ablehnen und den Kunden viel Glück bei der Konkurrenz wünschen. Dort hätte dieser aber aus dem gleichen Grund ebenfalls schlechte Karten. Der Kunde ist, was den Sarg betrifft, auf den Bestatter angewiesen. Er kann nicht wie beim Kauf eines beliebigen Alltagsgegenstands herumlaufen und die Preise vergleichen. Deshalb schlägt der Bestatter, schlagen alle Bestatter auf den Sarg, den es im Einkauf schon ab etwa 100 Euro gibt, ordentlich drauf. Mindestens 500, eher zwischen 700 und 1000 Prozent sind die Regel. Die gleiche Kalkulation gilt für Urnen und Sterbewäsche. Die emotionale Aufgewühltheit, in der sich viele Angehörige befinden, ermöglicht eine nahezu willkürliche Preisgestaltung.
Durch diese exorbitanten Preise kommt der Bestatter leicht auf einen umgerechneten Stundenlohn von 150 bis 200 Euro. Nicht die Herstellungskosten rechtfertigen den hohen Preis, sondern die Pietätsgründe. Es wird eben vielfach mit Erfolg darauf spekuliert, dass Trauernde die Preise nicht so genau vergleichen, selbst wenn sie die Möglichkeit hätten.
Von den Herstellungskosten des Sargs her gesehen ist der hauptberufliche Bestatter sogar meistens noch besser dran als der Schreiner in seiner Ein-Mann-Werkstatt. Die Sargherstellung findet heutzutage industriell statt, es gibt Großlieferan-

ten, überwiegend aus dem Ausland, und der Markt wird beherrscht von Wettbewerb. Besonders geizige Bestatter übernehmen übrigens aus Kostengründen das Auspolstern der Särge selbst und lassen sich nur den Rohling, das heißt die nackte Verschalung, liefern.
Es gäbe also genügend Gründe, die eigentlich dafür sprächen, den Sarg vom Bestatter günstig beziehen zu können, doch warum soll dieser den Preis einer Ware senken, wenn er fast der Einzige ist, der sie anbietet? Viele Bestatter haben daher ihre Särge weder im Verkaufsraum noch im Hochglanzprospekt überhaupt mit einem Preisschild ausgezeichnet. Der Preis existiert zunächst nur im Kopf des Bestatters und richtet sich individuell danach, wie der Kunde finanziell taxiert wird. Die Untergrenze des Sargpreises beim Bestatter ist demnach die Obergrenze des Geldbeutels seiner Kunden, und das wird auf absehbare Zeit auch so bleiben.

Fachgerecht abgezockt – das Sargduplikat

Auf den Sarg richtet sich also das Hauptaugenmerk. Alle anderen Kosten, die bei einer Beerdigung entstehen und die Angehörigen nachher belasten, sind dagegen vergleichsweise Kleinigkeiten: die Dienstleistung für die Überführung, Kosten für das Herrichten und Ankleiden des Verstorbenen, Pauschale für die Erledigung der Formalitäten etc. Kleinvieh macht zwar auch Mist, und das hat auch der Bestatter erkannt, aber dazu später.
Oder es sind Fremdkosten wie Gebühren für Todesbescheinigung und Sterbeurkunden, Annoncen, Blumenschmuck und Sargträgerdienste. Diese stellt der Bestatter den Angehörigen zwar in Rechnung, weil er sie für sie vorgelegt hat, aber im

Grunde sind sie nur ein durchlaufender Posten. Viel mit ihnen herummanipulieren kann er nicht.

Beim Sarg muss also die Gewinnfantasie des Bestatters ansetzen, will er das Optimale aus einem Auftrag herausholen. Nun gibt es, wie gesagt, in der freien Marktwirtschaft Särge in reichhaltiger Auswahl, alle möglichen Formen und Farben, Tiefen und Materialien. Im Zuge des Bestattungsgewerbes ist eine ganze Industrie entstanden. Särge werden nicht nur in Deutschland gefertigt, sondern kommen aus den USA, Italien und aus Polen. Je nach Herkunft, Verarbeitung und Stundenlöhnen sind diese dann teurer oder eben billiger. Mit am teuersten sind die schweren Eichensärge in dunkler, konservativer, naturholzbelassener Ausführung – Modell »altdeutsch«, in guter traditioneller Wertarbeit. Viele ältere Leute bevorzugen solche Modelle, Wirtschaftkrise hin oder her.

Und was fiel dem Bestatter dazu Kreatives ein? Er ließ sich so ein ähnliches (oder im Idealfall sogar das gleiche) Modell noch einmal liefern. Nur diesmal natürlich nicht aus Eiche, sondern aus einem viel billigeren, aber eicheähnlichen Laubholz namens *Framiere*, das aus Westafrika stammt und sogar eigens gezüchtet wird. Und auch nicht von der gleichen Qualität bietenden Firma, sondern von einem ausländischen Billiganbieter aus Polen oder Tschechien. Die Ähnlichkeit der beiden Hölzer ist enorm verblüffend und man bemerkt den Unterschied eigentlich nur durch eine Gewichtsprobe: Das Framiereholz ist extrem leicht.

Auch mancher billige Kiefernsarg für 900 Euro unterscheidet sich äußerlich kaum vom teuren Eichensargmodell für 4000 Euro.

Hinzu kommt die Klasse der *furnierten* Särge. Das sind Särge, die außen mit Eichen- oder Kirschbaumholz nur dünn bedeckt sind, deren eigentlicher Kern jedoch aus weniger wertvollem Holz, wie zum Beispiel Kiefer, besteht. Auch solche

Särge sind äußerlich überhaupt nicht von Eiche-Vollholzsärgen zu unterscheiden und demnach leicht den Angehörigen als echte Eichen- oder Kirschbaumsärge unterzujubeln.
Die Angehörigen suchen im Ausstellungsraum das teure Eichenholz-Sargmodell zum Preis eines Gebrauchtwagens aus, und der Verstorbene liegt nachher in der Leichenhalle im minderwertigeren Duplikat. Berechnet wird selbstverständlich das Eichenholzmodell. Da die Kühlzellen in der Regel bis zur eigentlichen Beerdigung verschlossen bleiben und die Angehörigen nur durch eine Glasscheibe einen Blick auf den Sarg werfen können, ist es so gut wie ausgeschlossen, dass sie hinter den Trick kommen. Auch ist es ziemlich unwahrscheinlich, dass ein Angehöriger am Tag der Beerdigung, wenn der Sarg herausgefahren ist, auf die Idee kommt, einen Gewichtstest zu machen. Diejenigen, die danach noch Hand an den Sarg legen, sind höchstens die Sargträger, die erstens nicht wissen, was die Angehörigen ausgesucht haben, denen es zweitens, wenn sie es wüssten, ohnehin egal wäre, denen es drittens, auch wenn sie die Angehörigen zufällig kennen sollten, nie in den Sinn käme, zu reklamieren, da sie letzten Endes ja vom Bestatter bezahlt werden, und die viertens sowieso an der ganzen Zeremonie ziemlich desinteressiert, wenn nicht gar ohnehin alkoholumnebelt sind.
Besonders wenn die Angehörigen sich bei der Gretchenfrage »offen oder geschlossen« für geschlossen entschieden hatten, funktioniert dieser Trick. Denn dann besteht nicht die Gefahr, dass die Angehörigen vor Verschließen des Deckels noch einmal an den Sarg herantreten und den Unterschied vielleicht doch bemerken könnten. Das wäre allerdings auch kein Beinbruch. Der Bestatter könnte sich noch immer überzeugend herausreden, dass der Sarg versehentlich vertauscht wurde, da er ja tatsächlich zum Verwechseln ähnlich sieht. Vor allem aber kommt deswegen keiner hinter den Trick, weil niemand

dem Bestatter so etwas zutrauen würde: Bestattungen und Särge, Tod und Trauer – damit treibt man doch keine unseriösen Praktiken, das verbietet sich aus Pietätsgründen doch von selbst – die Ahnungslosen, wenn sie wüssten!
Der Bestatter weiß es: Er hat diese Geldquelle für sich entdeckt, die hervorragend funktioniert und ihm wesentlich mehr Umsatz bringt als er ohne Schummelei je erzielen könnte.
Natürlich funktioniert dieser Trick nicht mit allen Särgen. Es gibt außer den Standardeichensärgen auch ausgefallenere Modelle, für die man sich nicht auch noch ein Duplikat beschaffen kann. Aber bei etwa vierzig Prozent der Erdbestattungen sind die schweren Eichenkisten mit von der Partie. In den anderen Fällen muss sich der Bestatter halt mit den kleineren Schummeleien zufriedengeben, deren Ergebnisse sich auf Dauer auch zu einem hübschen Betrag summieren und von denen im Folgenden die Rede sein wird.

Das Mehrweg-Leichenhemd

Welch geringe Skrupel Bestatter haben, wenn irgendwo ein kleiner Zusatzgewinn lockt, zeigt sich auch beim Leichenhemd. Beim Anziehen des Verstorbenen gibt es zwei Alternativen: entweder eigene Kleider, die die Angehörigen dem Bestatter mitgeben (sogar mit Schuhen und Krawatte), oder eben nur ein Leichenhemd. Dieses Hemd ist eigentlich nur ein längliches Stück Stoff mit zwei Ärmeln dran, das um den Hals gebunden wird, ähnlich einem OP-Hemd. Auch bei den Leichenhemden gibt es mehrere Kategorien, von banal-schneeweißen Hemden aus grobem Stoff bis hin zu den feinseidigen mit reichen Verzierungen. Dementsprechend gestuft sind selbstverständlich auch die Preise.

Es versteht sich von selbst, dass Bestattern, die ausgekocht genug sind, um auf den Trick mit dem Sargduplikat zu kommen, erst recht einfällt, wie sie mit den Leichenhemden abzocken können. Die Angehörigen suchen im Ausstellungsraum das teure oder mittelpreisklassige Hemd aus, der Verstorbene bekommt das billige übergezogen. Manchmal bekommt er es nicht einmal übergezogen, sondern nur übergelegt. Und in einigen Fällen bekommt er nicht einmal das, sondern es wird, noch gefaltet und original verpackt, einfach zu ihm in den Sarg hineingeworfen.
Aber zurück zum Abzocken mit den Hemden. Nachdem der Bestatter irgendwann das Leichenhemd einmal gegen ein billigeres ausgetauscht hatte, kam er auf die Idee, etwas noch Billigeres zu verwenden, denn damit ließe sich ja noch mehr einsparen – wenn schon der Trick mit dem Sargduplikat vielleicht nicht machbar war. Und in dem Ehrgeiz, seinen Wareneinsatz bei gleicher Berechnung immer weiter herunterzuschrauben, legte er irgendwann einfach nur eine Papierfolie über den Verstorbenen, um ihn abzudecken. Und wenn der Folienvorrat zufällig gerade erschöpft war? Richtig, dann ließ er sie, stellvertretend für das Leichenhemd, halt einfach gleich ganz weg. Bei Leichenhemden geht so etwas, im Gegensatz zu Särgen – also: Leichenhemd berechnen, aber nicht liefern.
Mit dem Leichenhemd allein ist es natürlich nicht getan. Der Verstorbene liegt auf einem Kissen und wird mit einer Decke zugedeckt. Alles, was fürs Leichenhemd gesagt wurde, gilt auch für Decke und Kissen. Es gibt sie in mehreren Ausführungen, sie werden gezeigt, berechnet, ausgetauscht oder weggelassen. Und dieser Trick klappt am besten, wenn der Sarg mit dem Verstorbenen in der Leichenhalle zu bleibt. Deswegen ist die anfangs gestellte Frage von so großer Bedeutung: offen oder geschlossen?

Nur, dass der Bestatter es nicht immer mit fest entschlossenen Angehörigen zu tun hat. Manche sind unsicher: Sollen wir offen aufbahren oder doch lieber geschlossen? Der Kompromiss sieht dann meistens so aus, dass sie sich zunächst für den verschlossenen Sarg entscheiden. Bis hierher wäre für den Bestatter also alles in Butter. Kurz vor der Beisetzung kommen sie aber und wollen doch noch einen Blick auf den Verstorbenen werfen, ihm zum Abschied noch ein letztes Mal die Hand drücken. Jetzt wird's gefährlich für den Bestatter: Dabei könnte man das falsche oder fehlende Leichenhemd bemerken. Also zieht er bei Angehörigen, über deren Entschlossenheit er sich nicht sicher ist, dem Verstorbenen zunächst einmal das ursprünglich vereinbarte Hemd an. Kurz vor der Beerdigung, wenn es für die Angehörigen kein Zurück mehr gibt, tauscht er es dann aus oder nimmt es, wie gesagt, gleich ganz weg. Das gleiche Schicksal erfahren natürlich auch Decke und Kissen.

Was fängt der Bestatter mit einem so hochwertigen und kaum getragenen Leichenhemd an? Genau, er kann es noch einmal verwenden. Und es eignet sich hervorragend als Vorführhemd für künftige Präsentationen.

Fahrtkosten ohne Fahrten – die Urne kommt per Post

Auch bei der Feuerbestattung greift der Bestatter seinen Kunden ungeniert in die Tasche. (Die Seebestattung ist so selten, dass wir sie in diesem Buch getrost außer Acht lassen können.) Feuerbestattungen sind schwer im Kommen, Urnen demnach immer gefragter. Etwa 40 Prozent der Sterbefälle in Deutschland, in anderen europäischen Ländern noch weit mehr, sind Feuerbestattungen. Überspitzt formuliert könnte man sagen:

Je südlicher (und »frommer«), umso seltener. Je nördlicher oder östlicher (und »gottloser«), umso häufiger wird eingeäschert.
Nur, an der Urne verdient der Bestatter wie gesagt sehr wenig. Er zahlt zwar nicht drauf, aber der dicke Batzen, der Sarg, fällt weg. Was also kann der Bestatter machen?
Bei der Feuerbestattung fällt auch das Ankleiden der Toten weg. Tote müssen nackt verbrannt werden, und schminken und herrichten muss man sie auch nicht mehr. Im Wesentlichen bleiben also nur die Überführungskosten übrig, und genau da setzt der findige Bestatter an. Die Überführung ist nämlich in diesem Fall nicht bloß vom Sterbeort zur Leichenhalle notwendig, sondern bis ins Krematorium – manchmal auch erst noch kurz in die Leichenhalle, wenn die Angehörigen den Verstorbenen noch einmal sehen wollen, und von da aus dann ins Krematorium. Und Krematorien gibt es nicht so viele; jedenfalls nicht so viele wie Leichenhallen und Friedhöfe. In kleineren Bundesländern sind es vielleicht nur zwei oder drei. Das bedeutet: Das Krematorium ist in der Regel eine ganz schöne Strecke entfernt, und die Fahrt und damit die Fahrtkosten dorthin schlagen ordentlich zu Buche.
Nun wäre das ja noch in Ordnung, wenn der Bestatter tatsächlich eine solche Reise auf sich nehmen würde. Tut er aber meistens gar nicht. Es sei denn, es ist gerade so wenig los, dass die Fahrgemeinschaft ruht. Dann fährt er halt mal selbst. In den meisten Fällen aber fährt ein anderer für den Bestatter.
Was die Angehörigen nämlich nicht wissen (und deshalb kräftig zur Kasse gebeten werden) ist, dass es Bestatter gibt, die sich darauf spezialisiert haben, Feuerbestattungsfälle ihrer Kollegen per Sammeltransport ins Krematorium zu überführen. Bietet sich ja auch an, bei so einer weiten Strecke. In einigen Regionen Deutschlands existiert sogar ein blühender »Leichentourismus«. Bestatter in Grenznähe, am Niederrhein

oder in Sachsen, unternehmen gerne Sammeltransporte nach Holland bzw. Tschechien, weil dort das Bundesimmissions-Schutzgesetz nicht gilt und die Krematorien deshalb schneller und billiger arbeiten. Der Bestatter bringt also den Sarg mit dem Verstorbenen nur zum Sammelpunkt, der in seiner näheren Umgebung liegt, berechnet aber seinen Kunden die volle Strecke ins Krematorium. Betrug könnte man sagen – Cleverness sagen die Bestatter.

Ähnlich läuft es bei der Rückabwicklung ab, wenn die Urne aus dem Krematorium wieder zum Bestatter gelangt. Viele Angehörige gehen davon aus, dass der Bestatter eigens ins Krematorium fährt, um die Urne mit der Asche des Verstorbenen für die Beisetzung abzuholen. Aber ein Bestatter, der so gerissen ist, sich die Hinfahrt mit dem Sarg ins Krematorium zu sparen, spart sich natürlich erst recht die Abholung der Urne.

Auch hier bedient sich der Bestatter eines kleinen Tricks, der eigentlich so banal erscheint, dass man selbst darauf kommen könnte: Statt die weite Fahrt ins Krematorium selbst anzutreten, lässt sich der Bestatter die Urne ganz gewöhnlich mit der Post schicken, stellt aber zusätzlich eine Abholfahrt in Rechnung. Die Trickserei bleibt verborgen, weil kaum ein Uneingeweihter erwartet, dass jemand so pietätlos ist, die Asche eines Menschen wie eine Ware als Paket zu versenden.

Die eigentliche Urne, das heißt die Kapsel mit der darin befindlichen Asche des Verstorbenen, trifft manchmal erst extrem kurzfristig vor dem Beisetzungstermin beim Bestatter ein. Dies ist vor allem dann der Fall, wenn die Angehörigen auf einen schnellen Termin gedrängt haben und der Bestatter seinerseits auf eine kurze Bearbeitungszeit im Krematorium spekuliert. Herrscht dort gerade Hochbetrieb oder verzögert sich unerwartet der Postweg, kann es schon einmal passieren, dass der Bestatter erst wenige Stunden vor der

eigentlichen Beisetzung die Urne erhält. Eine Zitterpartie für jeden Bestatter.
Diese »Zockerei« ging bei einem Bestatter einmal nicht auf, doch wollte dieser trotzdem den Beisetzungstermin einhalten, um sich vor den Angehörigen keine Blöße zu geben. So füllte er kurzerhand Steinchen in die Urne, um das Gewicht in der Aschenkapsel vorzutäuschen. Ein paar Tage später, wenn die Aschenkapsel endlich eingetroffen wäre, hätte er dann diese gegen die Steine wieder ausgetauscht.
Das wäre deshalb leicht möglich gewesen, weil die Urne nicht in einem Erdgrab, sondern in einem Wandgrab (Stele) beigesetzt werden sollte.
Natürlich wäre auch hier das erneute Öffnen des Grabes nicht ohne Einweihen (und Schmieren) des Friedhofswarts möglich gewesen. Gott sei Dank aber flog der Schwindel noch rechtzeitig auf.
Wie verhält es sich aber, wenn die Angehörigen vor der Überführung ins Krematorium noch eine Trauerfeier in der Leichenhalle abhalten wollen? In den meisten Fällen wird zwar bei einer Feuerbestattung die Trauerfeier erst zusammen mit der Beisetzung der Urne abgehalten, aber manche Angehörigen wollen es genau umgekehrt: zuerst die Trauerfeier und dann die Verbrennung.
Der Sarg steht jetzt also in der Leichenhalle und wartet darauf, nach der Trauerfeier ins Krematorium überführt zu werden. Nur, ins Krematorium überführt der Bestatter ja meistens gar nicht, sondern nur zum Sammelpunkt. Für Transporte dorthin ist aber immer nur eine bestimmte Zeit, an ein oder zwei Tagen in der Woche, vereinbart, die kaum mit dem Termin der Trauerfeier zufällig zusammenfallen dürfte.
Der Bestatter müsste also jetzt nach der Trauerfeier den Sarg in der Leichenhalle bis zum Sammeltermin stehen lassen. Das würde die Angehörigen aber stutzig machen. Wieso fährt der

Bestatter nicht, wie abgesprochen, anschließend direkt ins Krematorium? Auch kann er nach der Trauerfeier die Angehörigen schlecht wegschicken, etwa nach dem Motto: »Gehen Sie ruhig schon mal nach Hause, ich fahre dann auch gleich los.« Nein, das geht nicht – schließlich ist es Teil der Zeremonie, dass die Trauernden den Sarg bis zum Leichenwagen begleiten und dann dem wegfahrenden Wagen hinterherblicken.

Was also bleibt dem Bestatter als Einziges übrig, will er die ungeliebten Fahrtkosten vermeiden? Er fährt den Sarg mit dem Verstorbenen in eine *andere* Leichenhalle, zum Beispiel in die eines Nachbarfriedhofes, für den er ebenfalls die Schlüssel besitzt. Dort deponiert er inoffiziell, das heißt, ohne für die Leichenhallenbenutzung zu zahlen und mit Billigung des Friedhofswarts, den Sarg bis zum Sammeltermin.

Ganz abgebrühte Bestatter machen sich noch nicht einmal dazu die Mühe. Sie fahren mit dem Sarg einfach eine halbe Stunde um den Block oder gehen zwischendurch etwas erledigen, bis sich die letzten Trauergäste aus der Leichenhalle verflüchtigt haben. Dann stellen sie den Sarg exakt da wieder hin, wo er vorher die ganze Zeit gestanden hat und lassen ihn bis zum Termin für den Sammeltransport dort stehen. Die Angehörigen sollen natürlich nicht merken, wie sie über den Tisch gezogen werden. Deshalb wird der Sarg in der Leichenhalle anonymisiert, das heißt, das Aushängeschild mit den Personalien des Verstorbenen und dem Termin der Trauerfeier wird entfernt. So steht bloß ein Sarg in der Gegend herum, den niemand zuordnen kann und der deswegen auch keinen interessiert. Währenddessen glauben die Angehörigen ihr verstorbenes Familienmitglied bereits auf dem Weg zur Einäscherung ins Krematorium.

Der Sargtausch

Ab und zu kommt es vor, dass die Angehörigen für die Trauerfeier vor einer Einäscherung nicht einen billigen Verbrennersarg (ca. 600 Euro) wählen, sondern den Verstorbenen in einem richtig schönen und teuren Eichensargmodell aufgebahrt haben möchten. Einem Sarg also, der eigentlich viel zu schade ist, um ihn kurze Zeit danach ins Feuer zu werfen.
Bei einer Erdbestattung kommt der Sarg ja auch gleich in die Erde, wo er dann anschließend vermodert. Aber die Psychologie spielt halt eine große Rolle. Bei einer Feuerbestattung wird der Sarg gleich vernichtet, dafür wird die Asche später in einer ansprechenden Urne beigesetzt. Bei der Erdbestattung bleibt der Sarg wenigstens noch eine Weile intakt, wenn auch unter der Erde.
Jedenfalls suchen die Angehörigen für die kurze Zeit bis zur Fahrt ins Krematorium ein teures und hochwertiges Exemplar aus. Der Bestatter wäre jetzt gezwungen, mit diesem Sargmodell den Verstorbenen ins Krematorium – zu welchem Zeitpunkt auch immer – zu überführen, denn für dieses Modell haben die Angehörigen schließlich bezahlt. Natürlich denkt er nicht im Traum daran, ein so teueres Modell einfach zu verheizen. Zumal ja kein Angehöriger im Krematorium dabei ist, wenn der Bestatter seine Fracht abliefert. Also tauscht er vor der Ablieferung das teuere Sargmodell gegen einen viel billigeren Verbrennersarg aus und spart auf diese Weise gut und gern einen vierstelligen Betrag, den er natürlich trotzdem den Angehörigen später berechnet.

Pauschale, Grundgebühr und andere Verwirrspiele

Viele Bestatter zocken ihre Kunden nicht erst bei Fahrten ins Krematorium ab, sondern schon bei den ganz gewöhnlichen Überführungsfahrten. Ein Bestatter ist wie jeder Unternehmer kaufmännisch orientiert, zahlt Steuern und feilscht seine Preise aus. Jeder Handschlag wird berechnet. Sobald eine Fahrt ins Krankenhaus der Nachbarstadt oder ins etwas entfernt gelegene Altersheim ansteht, begegnet der Kunde einem verwirrenden Dickicht aus Pauschale, Grundgebühr und Kilometersätzen:

Inner- und außerorts, für mittlere und weite Strecken geltende Preise, Wochenend-, Nacht- und Sonderzuschläge, Einzel- und Mischkalkulation. Der monetären Fantasie der Bestatter sind keine Grenzen gesetzt. Kein Trick ist ihnen zu windig, keine Berechnungsmethode zu schlüpfrig, um die Angehörigen zu schröpfen. So bringen es viele Bestatter fertig, ihren Kunden neben einer detailgenauen Einzelabrechnung über die geleisteten Kilometer für dieselbe Fahrt auch noch gleichzeitig eine saftige Pauschale oder Grundgebühr in Höhe von 100 Euro in Rechnung zu stellen.

Auch die angegebene Kilometerzahl, für die der Bestatter über einen geeichten Kilometerzähler verfügen müsste, entspricht oft nicht der Realität und wird großzügig nach oben aufgerundet. Der Bestatter schreibt einfach die Kilometerzahl auf, die er will. Welcher Angehörige fährt die Strecken zur Kontrolle schon selbst ab?

Mancher Bestatter hat für die Erledigung der »Beerdigungsformalitäten«, also den banalen Gang zum Standesamt, schon 400 Euro in Rechnung gestellt. Mit unlauteren Abrechnungsmethoden verschleiern manche Bestatter geschickt ihre vielen kleinen und bei der Leistungskontrolle nur schwer identifizierbaren Einzelposten, die jedoch in der Summe

einen erklecklichen Betrag der Rechnung ausmachen können.
Gerade bei einer Abholung des Verstorbenen aus der Klinik und der direkt anschließenden Überführung ins Krematorium steht dem Bestatter genügend Personal außerhalb seines eigenen Unternehmens zur Verfügung.
Im Leichenraum des Krankenhauses ist ein Pfleger oder Techniker dem Bestatter genauso gern behilflich wie der Helfer in der Pathologie oder im Seniorenheim. Notfalls hilft der Bestatter mit einem kleinen Trinkgeld nach.
Auch im Krematorium oder an der Sammelstelle kann er sich darauf verlassen, dass an den Sarg mit Hand angelegt wird. Für alle diese Fälle benötigt der Bestatter also eigentlich nur einen Fahrer, meistens sich selbst. Trotzdem tauchen nachher auf der Rechnung ein oder sogar zwei Hilfskräfte mit auf, deren Stundenlöhne bei längeren Fahrten ordentlich zu Buche schlagen. In einem Fall hatte ein Bestatter sogar vier Helfer für den Transport eines Verstorbenen abgerechnet, der nicht sehr schwer war.
Die zahlenden Angehörigen nehmen die Kosten dafür vorbehaltlos hin, da sie als Außenstehende die Verhältnisse vor Ort natürlich nur schwer beurteilen können.

Der Schmuckhandel – Teil eines kriminellen Systems

Viele Angehörige legen großen Wert darauf, dass der Schmuck, den ihr Verstorbener zu Lebzeiten trug, ihn auch im Tode begleitet. Sie überreichen dem Bestatter teuren Goldschmuck, den dieser dem Verstorbenen anziehen oder zu ihm in den Sarg legen soll. Angehörige der russisch-orthodoxen Kirche, die seit den 1990er-Jahren in der Bundesrepublik zahlreich vertreten sind, geben ihren Toten sogar regelmäßig

Geldgeschenke mit. Nach ihrer Glaubensvorstellung sind die Münzen oder sogar Scheine als »Wegegeld« gedacht. Solche Bräuche sind natürlich ein Geschenk des Himmels für diebische Bestatter, denn die Geschenke dürften sich zum der Zeitpunkt der Beerdigung kaum noch im Sarg befinden.

Hinzu kommt das kleine Arsenal an Uhren, Ringen, Broschen, Hals- und Armkettchen – alles ehemalige Schmuckstücke der Verstorbenen, die diese zum Zeitpunkt ihres Todes trugen und die mancher Bestatter sich widerrechtlich aneignet. Bei einem Sterbefall zu Hause sind die Angehörigen meistens anwesend und eine Schmuckentnahme ist kaum möglich, aber über die Hälfte aller Deutschen stirbt in Krankenhäusern, Kliniken oder Altenheimen. Dort sind der Bestatter und sein Gehilfe mit den Verstorbenen allein und können in aller Seelenruhe die Uhr oder den Ring des Verstorbenen an sich nehmen. Im Pflegeheim oder Seniorenstift ist es noch nicht einmal nötig, dass der Tote den Schmuck tatsächlich am Körper trägt. Es genügt schon, wenn er in der Nachttischschublade oder auf dem Wohnzimmertisch liegt. Häufig nämlich befinden sich der Bestatter und sein Gehilfe allein im Zimmer, wenn sie dort einen Verstorbenen abholen. Der Verbleib der Schmuckstücke ist für die Angehörigen nur in den seltensten Fällen überhaupt auszumachen. Es gibt so viele Möglichkeiten, wie diese bis zur Überführung verschwinden können, dass dem Bestatter praktisch nichts nachzuweisen ist. Ob in der Pathologie, im Krankenhaus oder im Altersheim, nie kann mit Sicherheit festgestellt werden, wo und wann genau der Schmuck des Verstorbenen abhanden gekommen ist. Der Bestatter kann bei Rückfragen leicht behaupten, dass zu dem Zeitpunkt, als er die Szene betrat, schon keine Uhr oder Ring mehr vorhanden waren. Die Zimmer der Seniorenwohnheime stehen den ganzen Tag offen und werden von zahlreichen Aushilfen, Praktikanten und Reinemachefrauen frequentiert.

Wie sollen die Angehörigen, oft Dutzende von Kilometern und Monate vom letzten Besuch entfernt, wissen, was dort wann geschah? Das Risiko für diebische Bestatter ist also sehr gering.

Selbst wenn dem Bestatter ein konkreter Hinweis auf einen teuren Ehering gegeben wurde, kann er sich damit herausreden, dieser wäre nicht mehr vom Finger des Toten zu lösen gewesen, und deshalb hätte er ihn mit eingesargt. Die gutgläubigen Angehörigen glauben an alle Möglichkeiten, nur nicht, dass der Bestatter seit Jahren Wertgegenstände systematisch einsammelt. Man traut ihm so etwas einfach nicht zu. Dabei ist es mit dem bloßen *Einsammeln* von Schmuck bei Leibe nicht getan. Manche Bestatter greifen noch zu viel härteren Methoden und brechen die Goldzähne der Verstorbenen kurz vor dem Einsargen mit einer Zange heraus. Schließlich sind sie doch viel zu schade, um sie in der Erde verrotten oder im Feuer dahinschmelzen zu lassen.

Sein so erworbenes Schmuckarsenal verkauft der Bestatter über einen Mittelsmann auf Flohmärkten, verscherbelt Stücke davon an Bekannte in anderen Städten, verkauft sie beim Goldankauf, gibt weniger auffallende Stücke auch mal ins Pfandleihhaus oder – auch das kommt vor – trägt die besten Stücke gleich selbst.

Der Deal mit dem Blumenhaus

Auch im Hinblick auf die Blumen, Kränze und Sargbouquets für die Beerdigung ist der Bestatter ganz schön umtriebig. Sofern die Angehörigen keine anders lautenden Wünsche äußern, was meistens nicht der Fall ist, obliegt es dem Bestatter allein, das Blumenhaus auszusuchen. Und genau da liegt der Hase im Pfeffer. Selbstverständlich wählt der Bestatter

nicht *irgendein* Blumenhaus aus, auch nicht das *nächstgelegene* und schon gar nicht das *billigste.*
Der Bestatter hat seinen ganz speziellen Floristen, mit dem er zusammenarbeitet. Diesem versucht er so viele Aufträge zuzuführen wie möglich. Erhält der Bestatter von den Angehörigen den Auftrag, selbst für die Blumen zu sorgen, bestellt er natürlich nur dort. Angehörigen, die selbst die Bestellung vornehmen möchten, empfiehlt er aufs Eindringlichste, unbedingt bei seinem Floristen vorstellig zu werden. Er verschweigt nicht, dass er immer bei diesem Floristen bestellt. Im Gegenteil, er wirft seine Position als Stammkunde in die Waagschale als Garantie dafür, von diesem Blumenhändler besonders günstige und schöne Blumenbouquets zu bekommen.
Kunden, die wie die Angehörigen nur ein- oder zweimal im Jahr dort bestellten, könnten nie damit rechnen, so gut bedient zu werden, wie er, der Bestatter. Solchermaßen überzeugt, willigen die meisten Angehörigen in den Deal ein.
Den Blumenhändler hindern die Argumente des Bestatters übrigens nicht daran, für die Gestecke und Bouquets manchmal Blumen zu verwenden, die ihr Frischedatum schon mehrere Tage überschritten haben und nur durch Kühlen und Besprühen noch einige Zeit frisch aussehen. Der Florist spekuliert darauf, dass die Gestecke ja nur für kurze Zeit bei der Trauerfeier sichtbar sind und dann auf dem Grab in der Masse untergehen.
Die Nibelungentreue des Bestatters zu seinem Partner im floristischen Gewerbe hat indes gute Gründe. Er hat mit ihm einen Rückvergütungsvertrag (natürlich nur mündlich) abgeschlossen. Je mehr Aufträge das Blumenhaus direkt oder indirekt durch den Bestatter erhält, desto mehr fließt, in bar oder in Naturalien, wieder an diesen zurück. Wie sich jeder denken kann, schlägt der Florist diese »Provisionen«, die er an

den Bestatter zahlt, bei seinen Preisen für die Angehörigen auf. Diese bemerken den Schwindel allerdings kaum, da sie für ihre individuelle Anfertigung von Kränzen und Bouquets wenig Vergleichsmöglichkeiten haben. Den genauen Preis erfahren sie erst lange nach der Beisetzung, wenn der Rechnungsbetrag für die Blumen, den der Bestatter verauslagt hat, in der Gesamtrechnung auftaucht. Mit einem neutralen Blumenhaus wären die Angehörigen höchstwahrscheinlich billiger gefahren, aber so ist das nun einmal im Bestattungsgewerbe: Alles ist in- und miteinander vernetzt und für Außenstehende nur schwer zu durchschauen.

Prämien fürs Altenheim – wie die Bestattungsmafia schmiert

Wenn wir gerade bei den Provisionen sind, die der Bestatter kassiert: Außer dem Blumenhaus gibt es noch eine ganze Reihe weiterer Möglichkeiten, bei denen gierige Bestatter die Hand aufhalten, zu Lasten des Geldbeutels der Angehörigen. Im Bestattungsgewerbe haben sich schon längst orientalische Basar-Gepflogenheiten breitgemacht, und zwar nach beiden Seiten. In Deutschland sterben jährlich etwa 800 000 Menschen, über die Hälfte davon im Krankenhaus, Hospiz oder Seniorenheim. Bestatter zahlen an das Pflegepersonal in diesen Institutionen stattliche Vermittlungsprovisionen dafür, dass dem oder der Diensthabenden bei einem Sterbefall ausgerechnet der Name eines bestimmten Bestatters als Erstes einfällt und er diesen gegenüber den Angehörigen erwähnt.
Da bekommt der Pfleger schon mal eine wertvolle Uhr, die Krankenschwester eine neue Schrankwand, und für den Heimleiter darf es sogar ein Leasingvertrag über einen nagelneuen BMW als Geschenk sein. Mancher Pfleger, der in expo-

nierter Stellung auf einer Intensivstation tätig ist, macht bei den ortsansässigen Bestattern sogar regelmäßig seine Runde und kassiert einmal im Monat bei ihnen zu Hause ab. So etwas verteuert natürlich die Leistung des Bestatters, was er jedoch später den Angehörigen wieder versteckt in Rechnung stellt.

Auch erleben Angehörige es immer wieder, dass jemand vom Krankenhauspersonal den Leichenschauschein – ohne Vollmacht der Angehörigen – einfach einem *bestimmten* Bestatter übergibt und der Verstorbene sich bereits in der Kühlzelle einer Leichenhalle befindet. Hier wird eiskalt darauf spekuliert, dass kaum ein Angehöriger den Toten wieder von diesem Bestatter zurückholt, um ihn einem anderen zu übergeben. Hat sich erst einmal ein Bestatter mit dem Sterbefall befasst, lässt man den Toten in der Regel auch bei diesem. Zumal viele Angehörige froh sind, wenn ihnen jemand die lästige Entscheidung abnimmt.

Provisionen in Hülle und Fülle

Auch umgekehrt läuft fast nichts ohne Provision an den Bestatter ab. Bei fast allen Fremdleistungen, bei denen der Bestatter für die Trauernden in Vorleistung tritt, lässt er sich nach orientalischer Bakschischmanier eine üppige Vermittlungsprovision bezahlen, die sich dann der Fremdleister von den Angehörigen zurückholt. Außer dem schon erwähnten Blumenhaus ist dies an erster Stelle die Zeitung, die den Bestatter an ihrem Umsatz mit den von ihm im Kundenauftrag geschalteten Traueranzeigen beteiligt. Und das, obwohl ja schon die Angehörigen die Werbung für den Bestatter bezahlen, wenn dieser sein Firmenemblem in der Traueranzeige erscheinen lässt.

Den zusätzlichen Platz, den der Firmenhinweis kostet, bezahlen die Angehörigen mit, und zusätzlich erhält der Bestatter noch eine Provision von zehn Prozent und mehr dafür, dass er jemanden gebracht hat, der für ihn kostenlos Werbung macht.
Nicht anders ist es in der Druckerei, in der die Trauerdrucksachen der Angehörigen in Auftrag gegeben werden. Auch hier verdient der Bestatter ordentlich mit. In der Rechnung des Organisten ist ebenso ein Aufschlag dafür enthalten, dass der Herr Bestatter zum Telefonhörer greift, wie in der Pauschale für den Trauerredner. Der kirchliche Beistand ist bei den evangelischen Christen zwar kostenlos, aber beim katholischen Amtsbruder werden schon mal vierzig Euro fällig. Sollte der Pastor einen Fahrer benötigen, damit er von zu Hause zur Beerdigung und wieder zurück kommt: Der Bestatter hilft gerne – Entgelt für die Vermittlung desselben inklusive.

Fragwürdige Finanzdienstleistungen

Besonders schlechte Karten haben Angehörige, die den Bestatter zum Empfang von Geldsummen ermächtigt haben. Denn dann können sie sich kaum wehren, wenn der ausgezahlte Betrag unter den raffgierigen Fingern cleverer Bestatter wie Butter in der Sonne dahinschmilzt. Zu den angebotenen Dienstleistungen eines Bestatters gehört(e) es, das Sterbegeld (weggefallen ab 1. Januar 2004) sowie durch den Tod des Verstorbenen fällig gewordene Versicherungsleistungen zu beantragen und diese direkt auf sein Konto überweisen zu lassen. Nicht wenige Angehörige bevollmächtigen hierzu den Bestatter, froh, dass er ihnen den Papierkrieg mit Institutionen wie Banken und Versicherungen abnimmt.

Spätestens zu diesem Zeitpunkt jedoch hat der Bestatter genauen Einblick in die Zahlungskraft seiner Kunden. Für das Anfordern der Versicherungssumme entstehen diesen natürlich weitere Kosten, denn der Bestatter arbeitet ja nicht umsonst, auch nicht beim Papierkram. Er bietet den Angehörigen an, das Eintreffen der Gelder abzuwarten und dann erst seine Rechnung zu stellen, damit diese sogleich von der eingegangenen Summe abgezogen werden kann und dadurch die Angehörigen nicht vorzeitig belastet. Klingt plausibel; deshalb gehen viele Kunden des Bestatters, vor allem diejenigen, die über die Höhe der ihnen zustehenden Leistung nicht genau informiert sind, auf das Angebot ein.

Für den Bestatter hat dies folgenden Vorteil: Er kann bei Angehörigen, die über keine großen Mittel verfügen und mit der vorhandenen Versicherungsleistung die Kosten der Beerdigung abdecken müssen, zunächst ausloten, wie viel im Maximalfall zu holen ist. Je nachdem gestaltet er dann seine Rechnung, bis der Großteil des eingegangenen Geldes aufgebraucht ist, und lässt für die Angehörigen höchstens noch einen kleinen Anstandsrestbetrag übrig. Dabei bedient er sich unter anderem der im Abschnitt »Pauschale, Grundgebühr und andere Verwirrspiele« geschilderten Fantasieaufschläge und vernebelt mit Pauschbeträgen im Einzelnen nicht nachvollziehbare Leistungen.

Vorsorgewillige übrigens, die über den Bestatter eine Sterbegeldversicherung abschließen wollen, können dies natürlich tun, vorausgesetzt, sie sind bereit, auch die Kosten der internen Vermittlungsprovision zu übernehmen, die der Bestatter von der Versicherung erhält.

Fällt im anderen Fall die Versicherungssumme wesentlich höher aus, so hoch, dass sie unmöglich durch die Bestattungskosten aufgezehrt werden kann, lässt sich der Bestatter mit seiner Rechnung und mit dem Weiterreichen der Gelder

unendlich viel Zeit. Auf etwaige Nachfragen der Angehörigen hat es dann eben bei der Versicherung so lange gedauert, wofür der Bestatter nichts kann. Ihm kann es nämlich völlig egal sein, wann die Angehörigen ihr Geld erhalten. Seine Rechnung ist durch das Eintreffen des Geldes auf seinem Konto ohnehin schon bezahlt, und den Rest legt er so lange zinsgünstig an, bis die Angehörigen misstrauisch werden und zu rebellieren anfangen.
Auch die Begleichung ihrer eigenen Verbindlichkeiten wissen Bestatter möglichst lange hinauszuziehen. Immer wieder stöhnen Sarglieferanten darüber, wie schlecht es um die Zahlungsmoral ihrer Bestatterkunden bestellt ist. Da die Forderungen für gelieferte Särge oft nicht mehr einzubringen sind, passiert es in der Branche hin und wieder, dass ein Lieferant seine Ware aus dem Sarglager des Bestatters wieder abholt.

Vorsorgegelder verzockt – Bestattung wird zum Roulette

Sind die Angehörigen von Verstorbenen schon arm dran, wenn sie den Bestatter für den Empfang einer Versicherungssumme bevollmächtigt haben, so erlebten Kunden, die zu Lebzeiten einen Vorsorgevertrag abgeschlossen hatten, bisweilen eine böse Überraschung, nachdem sie dem Bestatter Bargeld oder ein Sparbuch mit Vollmacht anvertraut hatten. Von ihrem Geld war nämlich nicht mehr das Geringste übrig, weil der Bestatter den verlockenden Angeboten des grauen Kapitalmarktes nicht widerstehen konnte, ihre Gelder zwischenzeitlich in dubiose Finanzanlagen und Immobiliengeschäfte investierte und damit in Konkurs ging. So ermittelte zum Beispiel die Staatsanwaltschaft Köln gegen einen Großbestatter, der umgerechnet 1,5 Millionen Euro Vorsorgegelder als Sicherheit für einen Überziehungskredit bei seiner Bank verpfändet haben soll.

Das Nachsehen bei diesen »Spielchen« haben dann regelmäßig die Angehörigen, weil sie doch noch für die Bestattungskosten (diesmal natürlich bei einem anderen Bestatter) aufkommen müssen, obwohl genau dagegen der Verstorbene zu Lebzeiten eigentlich hatte Vorsorge treffen wollen.

Selbstverständlich kann man keinem Bestatter verbieten, private Investitionen zu tätigen, aber dies sollte er tunlichst mit seinem eigenen Geld tun. Was zunächst wie eine Ausnahme erscheinen mag, ist indes wohl eher typisch für die Art und Weise, wie profitgierige Bestatter mit den Vorsorgegeldern ihrer ahnungslosen Kunden umgehen. Ob Angehörige oder Vorsorgeabschließende – sie alle haben Grund, den Bestattern genau auf die Finger zu sehen.

Wer gut schmiert, der überführt

Der Polizeibestatter

Verträge ohne Ausschreibung

Gar nicht selten ereignen sich Sterbefälle, die unter die Kategorie *unnatürlicher Tod* fallen. Dieser ist nicht zu verwechseln mit *unklarer Todesursache*, bei der die Leiche von der Polizei nicht freigegeben wird, sondern in der Gerichtsmedizin erst noch untersucht wird. Unnatürlicher Tod ist alles, was nicht altersbedingt oder in Folge von Krankheit zum Tode geführt hat, also tödliche Verkehrsunfälle, Morde und Selbstmorde. Hier ist medizinisch gesehen unstrittig, was den Tod verursacht hat; trotzdem wurde die Polizei verständigt, um den Vorgang aufzunehmen. Die Polizei hat für diese Fälle meist einen speziellen Bestatter, mit dem sie zusammenarbeitet. Dieser Polizeibestatter kommt oft deshalb in den »Genuss« solcher Aufträge, weil er die maßgeblichen Leute regelmäßig schmiert. Pro vermittelten Auftrag an ihn gibt es Bares schwarz auf die Hand. Auf der Polizeidienststelle hängt sein Kalender als Werbegeschenk an der Wand, die anderen Bestatter bleiben außen vor.

Der Polizeibestatter kam deshalb mit der Polizei ins Geschäft, weil er, meist als Alteingesessener, zu Urzeiten der Einzige war, der diesen Job machen wollte oder konnte. Mit der Zeit und mit steigender Zahl der Konkurrenten wurden allerdings auch die anderen Bestatter darauf aufmerksam und fragten schon

mal nach, wie es denn mit der Ausschreibung für diesen Service stünde. Allzu hartnäckige Bestatterkollegen wurden daraufhin mit ein oder zwei Überführungsaufträgen zur Beschwichtigung bedacht.
Danach floss das Geschäft wie gewohnt weiter über den verdienten Partner. Normalerweise müssen solche Verträge aber von der Stadt, ähnlich wie öffentliche Ausschreibungen für Bauprojekte, ausgeschrieben werden und dann dem Bestatter, der die günstigsten Konditionen bietet, zugeteilt werden.
Nicht alle Bestatter reißen sich um einen solchen Vertrag mit der Polizei, sondern nur die allerabgebrühtesten, und das hat gute Gründe. Zum einen bedeutet es für den Bestatter und seine Mitarbeiter Rufbereitschaft rund um die Uhr. Dies ist zwar ohnehin beim Bestatter theoretisch der Fall, kommt in der Praxis aber seltener vor. Die meisten natürlichen Todesfälle ereignen sich über Nacht, in den frühen Morgenstunden, wenn Geist und Körper alters- oder krankheitsbedingt anscheinend nicht mehr für einen weiteren Tag bereit sind. Dies hat zur Folge, dass sich die Angehörigen dann gleich morgens, meist zur Frühstückszeit, beim Bestatter melden. Am zweithäufigsten tritt der natürliche Tod in den frühen Abendstunden ein.
Aber jederzeit mitten in der Nacht zwischen drei und vier Uhr rausgeklingelt zu werden, das ist dann doch etwas anderes. Außerdem unterliegt der Polizeibestatter zusätzlich gewissen zeitlichen Vorgaben und muss spätestens innerhalb einer Stunde vor Ort sein. Nicht jeder Bestatter möchte sich das antun.
Der andere Grund liegt in der Natur der Sache.
Verkehrsopfer sehen oft grauenhaft aus, Selbstmorde manchmal noch schlimmer. Vor allem, wenn nicht Tabletten im Spiel waren, sondern der Selbstmörder sich vor einen Zug geworfen hat oder von einer Brücke gesprungen ist. Auch Selbsttö-

tungen mit einer Schrotflinte richten ein fürchterliches Bild an. Der Körper des Toten sitzt noch immer auf dem Stuhl, der Kopf dagegen ist komplett pulverisiert. Eine riesige Blutlache steht im Zimmer, durch die der Bestatter jetzt hindurchwaten muss. Kann man sich in diesem Moment einen schlimmeren Job vorstellen?

Familiendramen können ebenfalls an die Nieren gehen. Ein Psychopath, der aus Eifersucht in Raserei verfiel, oder ein hoffnungslos verschuldeter Spielsüchtiger, der in einer Verzweiflungstat seine ganze Familie ausgelöscht hat – das ist schon etwas anderes als einen 93-Jährigen aus dem Altersheim abzuholen, wo er friedlich eingeschlummert ist.

Und dann gibt es noch die Fälle, in denen der Bestatter zur Wohnung eines Verstorbenen gerufen wird, dessen Nachbarin ihn seit einem halben Jahr nicht mehr gesehen hat und jetzt von der Polizei die Wohnungstür aufbrechen ließ. In solchen Härtefällen trägt der Bestatter dann eine Atemschutzmaske und spezielle Schutzkleidung. Genügend Gründe also, warum sich die meisten Bestatter gar nicht erst an der Ausschreibung für diesen Service beteiligen, sondern sich lieber auf ihre kleinen Tricks verlassen.

Wem gehört die Leiche?

Trotzdem würden manche Bestatter ganz gerne einige Fälle von der Polizei später übernehmen. Verkehrstote zum Beispiel, die noch einigermaßen passabel aussehen, oder Selbstmorde, die reinlich abliefen. Auch wird die Polizei ja manchmal zu Unrecht gerufen, nämlich bei natürlichen Todesfällen, nur weil jemand *dachte*, es handele sich um einen unnatürlichen Tod. Solche Fälle würden die anderen Bestatter dann gerne abwickeln, das heißt, sie würden den *Bestattungsauftrag*

ausführen wollen, nachdem ihr Kollege, der Polizeibestatter, den *Bergungs-* oder *Überführungsauftrag* ausgeführt hat.
In solchen Fällen verständigt die Polizei vor Ort aber selbstverständlich zuerst ihren Vertragsbestatter. Dieser ist allerdings polizeilich nur berechtigt, den Verstorbenen vom jeweiligen Sterbeort in die nächstgelegene Leichenhalle zu überführen. Das heißt er arbeitet der Polizei bloß zu, sorgt dafür, dass die Straße geräumt, die Wohnung wieder begehbar gemacht, die öffentliche Ordnung wiederhergestellt werden kann. In der Leichenhalle hört sein Auftrag durch die Polizei auf. Folglich hat er ab dort mit dem Verstorbenen und erst recht mit dessen Angehörigen, formal gesehen, nicht mehr das Geringste zu tun.
Das wissen aber viele Angehörige nicht. Sie glauben, weil die Polizei sich auf diesen Bestatter festgelegt hat, wären auch sie *verpflichtet*, diesen die weitere Bestattung abwickeln zu lassen. Also Sarg liefern, Formalitäten erledigen, Durchführen der Trauerfeier usw. Dem ist aber nicht so. Die Polizei kann niemals Angehörige verpflichten, einem bestimmten Bestatter einen Auftrag zu erteilen. Sie kann lediglich bestimmen, dass ihr Vertragsbestatter am Unfallort auftaucht und den Verstorbenen abtransportiert.
Andernfalls müsste sie ewig warten, bis die Angehörigen verständigt sind, diese sich geeinigt haben, einen Bestatter beauftragt haben, dieser am Unfallort erscheint und erst noch tausend Fragen beantwortet haben will. Deshalb die sinnvolle Methode mit dem Vertragsbestatter. Ab der Überführung in die Leichenhalle könnten die Angehörigen jetzt ohne großen Aufwand den Bestatter wechseln. Das aber tun die wenigsten, weil es ihnen niemand erklärt.
Der Polizeibestatter sagt es ihnen bestimmt nicht, denn für seine bisherige Arbeit erhält er nur eine relativ bescheidene Aufwandsentschädigung. Den Hauptteil würde dann ein

anderer Bestatter einstreichen, der anschließend den lukrativen Sarg verkaufen dürfte, während der Polizeibestatter auf der »Drecksarbeit« sitzen bliebe. Deswegen wechseln die Angehörigen nicht, selbst wenn der vor ihnen stehende Bestatter ihnen vielleicht gar nicht zusagt oder ihnen sogar unsympathisch ist. Aus diesem Grund sei es hier abschließend noch einmal für alle gesagt, die vielleicht eines Tages in die Situation kommen. Bei unnatürlichem Tod gilt: Der Bergungs- oder Überführungsauftrag ist *kein* Bestattungsauftrag!

Kostenfaktor Bergungshülle

Auch der Polizeibestatter wendet seine kleinen schmutzigen Tricks an, um die Rechnung für die Angehörigen eines Unfall- oder Selbstmordopfers in die Höhe zu treiben. Für viele verunstaltete Todesfälle besitzt er eine sogenannte Bergungshülle, eine mit Reißverschluss versehene Kunststoffhülle, in die die Verstorbenen eingepackt werden. Sie kommt gewöhnlich bei stark entstellten Toten, bei blutenden oder, wegen des Geruchs, auch bei (teil-)verwesten Opfern zum Einsatz. Mancher Polizeibestatter verwendet sie allerdings auch dann, wenn ein normaler Herztod, dessen Ursache zunächst unklar war, als unnatürlicher Tod gekennzeichnet wurde und somit in seine Zuständigkeit fiel. In diesem Fall wäre die Bergungshülle zwar gar nicht nötig; der Tote unterscheidet sich im Grunde ja nicht von einem im Krankenhaus Verstorbenen. Aber weil sie nun einmal in seiner Ausrüstung vorhanden ist, kommt sie auch diesmal zum Einsatz, bevor der Verstorbene in den Blechsarg gelegt wird. Und weil sie die Kosten in die Höhe treibt, wird sie den Angehörigen zusätzlich in Rechnung gestellt.

Schwarze Riesen

Die Filialisten

Große Ketten, kleine Preise?

Ein Filialist besitzt, wie der Name schon sagt, mehrere Niederlassungen, das heißt, er unterhält in verschiedenen Städten oder Stadtteilen ein Büro mit Personal und hat dort auch ein paar Ausstellungsstücke wie Särge, Urnen, Decken, Kreuze usw. vorrätig. Das Ganze funktioniert im Prinzip nicht anders als bei den Filialketten anderer Branchen auch.

Die Filialisten führen nicht, wie sonst bei Bestattern üblich, ihren Nachnamen im Firmenemblem, sondern verwenden kreative Pseudonyme. Sie haben sich nach alten ägyptischen Totengöttinnen benannt oder benutzen lateinische oder altgriechische Bezeichnungen. Das ist allerdings nicht unproblematisch, da viele Kunden in dieser besonderen Situation einen ortsansässigen Bestatter als persönlichen Ansprechpartner wünschen und der Filialist nicht in allen Orten zugleich sein kann. Dieses Problem versucht er dadurch in den Hintergrund treten zu lassen, dass er die Konkurrenz massiv unterbietet. Er wickelt die Erdbestattung zum günstigen Pauschalpreis von etwa 1500 Euro ab, ein Preis, der sonst nur bei Feuerbestattungen möglich ist. Ohne Fremdkosten wie Annoncen, Blumenschmuck und Friedhofsgebühren, versteht sich.

Was zu einem solchen Kampfpreis (in Berlin werden Bestattungen sogar für 500 Euro angeboten) dann geboten wird, kann sich jeder vorstellen: nur das Billigste und das Einfachste, und alles schnell, schnell. Der Filialist ist also der Discounter unter den Bestattern, er setzt auf den Geiz oder die Sparsamkeit seiner Kunden. Allerdings ist er mit diesem Beerdigungsdumping nur bedingt erfolgreich, da bei Bestattungen nicht die Geldfrage, sondern die Vertrauensfrage im Vordergrund steht. Manche Filialisten haben deshalb ihr Serviceangebot erweitert und wickeln auch noch Tierbestattungen ab.

Ein Bestattungsfilialist in Bayern bewältigt bis zu 15 000 Beisetzungen pro Jahr. Die größte deutsche Bestattungskette, die Ahorn-Grieneisen AG, schafft mit 200 Filialen etwa 25 000 Sterbefälle im Jahr. Seit Anfang 1998 firmiert das Unternehmen als Aktiengesellschaft. Laut ihrem ehemaligen Vorstandssprecher Eberhard Schöblitz, ein Ex-McKinsey-Berater, wurde der Namensteil *Ahorn* deswegen gewählt, weil man damit im Telefonbuch möglichst weit vorne steht und er sich zudem leicht merken lässt. Der Namensteil *Grieneisen* geht auf einen gleichnamigen früheren Traditionsbestatter aus Berlin zurück. Heute befindet sich die Ahorn-Grieneisen AG zu 95 Prozent im Besitz der Ideal-Versicherung und dem ehemaligen Versandhändler Oppermann aus Neumünster. Über Fernsehsender wie ARD, ZDF und SAT 1 wirbt die Bestattungskette für Vorsorgeverträge. Seit die Gesundheitsreform das Sterbegeld der Krankenversicherungen erst halbiert und dann ganz gestrichen hat, drängen die Versicherungen aggressiv in das Geschäft mit den Vorsorgeverträgen.

Dank der Ideal-Versicherung besitzt Ahorn-Grieneisen bereits 50 000 Vorsorgeverträge und damit 50 000 garantierte zukünftige Bestattungsaufträge. Das Unternehmen strebt jedoch unverblümt nach einer sechsstelligen Anzahl. Um dieses Ziel zu erreichen, setzte man bundesweit Rechtsanwälte auf Altenheime an, die Senioren zu Vorsorgeverträgen überreden sollen.

Wichtigstes Verkaufsargument hierbei ist der unbescheidene Hinweis, dass Grieneisen schon Kaiser Wilhelm I. und Marlene Dietrich bestattet hat. Überhaupt scheint das Bestattungsgewerbe eine besondere Anziehung auf Versicherungsgesellschaften auszuüben. Nicht nur, dass immer wieder ehemalige Versicherungsagenten versuchen, als Seiteneinsteiger in der Branche Fuß zu fassen. Laut Bericht des *Stern* ist Aeternitas e.V., die Verbraucherinitiative für Bestattungskultur, in Wirklichkeit eine als Verbraucherverein getarnte Marketingorganisation der Hamburger-Mannheimer Versicherungs AG. Aeternitas unterhält eine Gebührendatenbank zu Friedhofs- und Bestattungsgebühren, ähnlich den Wohnungsmietspiegeln der Mietvereine.
Auch diakonische Einrichtungen versuchen auf dem deutschen Bestattungsmarkt Fuß zu fassen. Sie unterliegen zwar dem europäischen Wettbewerbsrecht, sind aber gegenüber privaten Anbietern im Vorteil, weil sie staatliche Zuschüsse, Steuervorteile und ähnliche Vergünstigungen nutzen können. Sozialbestimmte Gelder des Diakonischen Werks und öffentliche Zuschüsse bewirken eine Minimierung des unternehmerischen Risikos. Der Bundesverband deutscher Bestatter (BDB) in Düsseldorf reagierte darauf mit dem Gang zum Europäischen Gerichtshof.
Filialisten sind bei uns noch nicht so weit verbreitet wie in den USA. Dort gibt es die börsennotierte Aktiengesellschaft *Service Corporation International (SCI)*, das weltgrößte Bestattungsunternehmen. Der Konzern erwirtschaftet Umsätze in Milliardenhöhe und besitzt viele Hundert Friedhöfe und Krematorien, außerdem zahlreiche Blumenläden, eigene Produktionsstätten für Beerdigungsbedarf und Sarggroßlager. Auch in Deutschland expandiert SCI fleißig und betreibt Bestattungsinstitute, firmenintern »Shops« genannt, in Städten wie Berlin, Bremen, Cuxhaven, Düren, Hamburg, Hannover und

Nürnberg, die etwa 5000 Sterbefälle pro Jahr abwickeln. Es wird wohl nicht mehr allzu lange dauern, bis diese »McSarg«-Betriebe auch bei uns selbstverständlich geworden sind.

Strohmänner im Osten

Nicht nur amerikanische Bestattungskonzerne drängen nach Deutschland, eine Bestatterkette aus Frankreich will von Köln aus den deutschen Markt erobern, und auch deutsche Großbetriebe expandieren kräftig. In Großstädten wie Berlin, Köln oder München machen diese »schwarzen Riesen« durch aggressive Aufkäufe auf sich aufmerksam. Gleich nach der Wende sah ein westdeutsches Unternehmen seine Chancen vor allem in Ostdeutschland und brachte es schnell auf über hundert Bestattungsinstitute. Mit Hilfe eines Bankkredits in Millionenhöhe kaufte es ehemalige DDR-Betriebe auf und setzte arbeitslos gewordene Stasi- und Polizeioffiziere als Geschäftsführer ein. Zu fragwürdigen Konditionen wurden kleine Familienbetriebe übernommen, indem man in den neuen Bundesländern das Vertrauen und die Unerfahrenheit der Bestatter mit westlichem Wirtschaftsgebaren schamlos ausnutzte.

Die alten Firmen behielten pro forma alle ihren bisherigen Inhabernamen, mussten jedoch in einem Knebelvertrag sämtliche Rechte an den neuen Besitzer aus dem Westen abtreten. Die ostdeutschen Bestatter, die in ihrer Stohmannfunktion lediglich ein Gehalt bezogen, bekamen schon bald die massiven Auflagen der neuen Hausherren zu spüren. Mindestens zehn Beerdigungen pro Monat sollten sie abwickeln. Außerdem mussten sie sogenannte »Bestattungspakete« verkaufen, bei denen die Trauernden festgelegt sind auf einen bestimmten Sarg, Leichenhemd, Deckengarnitur und Fried-

hof. Sämtliche Aufträge mussten zuerst durch die Zentrale im Westen genehmigt werden.
Innerhalb kurzer Zeit gelang es, eine Kette von ostdeutschen Bestattungsbetrieben aufzubauen, deren Alltagswirklichkeit geprägt war durch existenzbedrohende Abmachungen, Wettbewerbsvereinbarungen, die den Tatbestand der Sittenwidrigkeit erfüllten, strengste Geheimhaltungspflicht, Schuldanerkenntnisse und inszenierte Pfändungsprozesse.
Die sogenannten »Selbstständigen« wurden regelmäßig zu »Ausbildungsseminaren« in den Westen zitiert, wo man ihnen zwar keine Fachkenntnisse vermittelte, dafür jedoch unmissverständlich klarmachte, dass die Anzahl ihrer Sterbefälle kräftig zu erhöhen und folglich mehr Geld in den Westen zu überweisen sei. Dies sollten die ostdeutschen Bestatter durch Bestechung all jener erreichen, die von Berufs wegen regelmäßig mit dem Tod zu tun haben: Ärzte, Krankenschwestern, Standesamt, Feuerwehrleute und sogar die Polizei. Praktiken also, wie sie im Westen bereits gang und gäbe waren. Das Vermittlungshonorar für die zuständige Stelle betrug umgerechnet 100 Euro und wurde sogar schriftlich quittiert.
Als die ostdeutschen Filialgeschäftsführer den Druck nicht mehr aushielten und die Anwendung solch dubioser Methoden verweigerten, kündigte ihnen die Firmenleitung aus dem Westen sofort das Gehalt, erschien in Begleitung von Bodyguards vor Ort, verschaffte sich gewaltsam Zutritt zu den Büros und hielt diese fortan besetzt. Aussteigern drohte man damit, sie »fertigzumachen«.
Betrugs-, Veruntreuungs-, Verleumdungs- und Hausfriedensbruchdelikte bescheinigte das Brandenburgische Oberlandesgericht der »schwarzen Krake« aus dem Westen, nachdem die über den Tisch gezogenen ostdeutschen Bestatter geklagt hatten.

Die Kripo geht ein und aus

Bestatterverbände

Auch in den Bestatterverbänden, von denen es mehrere gibt, ist man sich alles andere als grün. Anscheinend zocken die Bestatter nicht nur ihre Kunden, sondern sich auch gerne gegenseitig ab. Anders ist es jedenfalls nicht zu erklären, dass einer ihrer Verbände, und besonders dessen Vorsitzender, aus den Schlagzeilen nicht mehr herauskommt. Im Internet existiert bereits ein eigenes Forum, auf dem die Mitglieder sich gegenseitig bekriegen und der Verband ganz unverblümt als unseriös betitelt wird. So soll der Vorsitzende Seminargebühren von umgerechnet 50 bis 70 Euro je Interessent kassiert haben, obwohl das angestrebte Seminar zum Thema Trauerrede wegen zu geringer Teilnehmerzahl nie stattfand. Die Essener Kriminalpolizei durchsuchte wegen unerlaubten Waffenbesitzes die Wohnräume des Vorsitzenden und die Geschäftsräume des Verbandes im Oktober 2001. Angeblich soll der Vorsitzende, stets dem Alkohol zugeneigt, gedroht haben, bestimmte Personen »abzuknallen«, weshalb zahlreiche Mitglieder, die an der Jahreshauptversammlung des Verbandes teilgenommen hatten, durch die örtlichen Polizeibehörden als Zeugen vernommen werden mussten. Kurz darauf hatte die Essener Staatsanwaltschaft ein Ermittlungsverfahren wegen Untreue und Unterschlagung zum Nachteil des Verbandes gegen dessen Vorsitzenden eingeleitet. Auch die Essener Steuerfahndung soll sich für das Finanzgebaren des höchst dubiosen und angeblich gemeinnützigen Vereins interessieren.

Der Vorsitzende des Bestatterverbandes soll in Wahrheit überhaupt nicht als Bestattungsunternehmer selbstständig, sondern offiziell arbeitslos gemeldet sein. Für »private« Bestattungen, heißt es, habe er sich Särge und Bestattungsbedarf von Verbandsmitgliedern geliehen und diese nur sehr schleppend vergütet. Für vereinbarte Verrechnungen mit Mitgliedsbeiträgen oder Anzeigen im Vereinsblatt seien private Finanzen mit denen des Vereins verquickt worden. Auch bemängelten Mitglieder die lückenhafte Buchführung des Vereins und die mangelnde finanzielle Transparenz. Auf Jahresversammlungen konnte aufgrund mangelhafter Berichte und Unterlagen keine ordnungsgemäße Entlastung des Vorstandes erfolgen. Unliebsamen Kritikern, die aus dem Verband austraten und den Bankeinzug untersagten, soll der Mitgliedsbeitrag weiterhin von ihrem Konto abgebucht worden sein. Als Krönung sei schließlich aus dem Verbandsvorstand ein Spendenaufruf an ausgewählte Mitglieder ergangen, um die desolate private Finanzsituation des Vorsitzenden zu verbessern.

Die Leichenhalle

Dreck und Indiskretion gratis

Sauberkeit ist Luxus

Was in deutschen Leichenhallen so üblich ist, ist ein Kapitel für sich. Deswegen haben wir ihnen hier eines gewidmet, genauso wie dem Friedhofswart. Zunächst zu den Leichenhallen. Sie entstanden im 18. Jahrhundert, als man die häusliche Aufbahrung aus hygienischen Gründen weitgehend untersagte. Doch die Leichenhallen sind auch nicht die saubersten. Das ist noch eine Untertreibung – sie sind restlos verdreckt. Verdreckt in den Toiletten, verdreckt in den Aufenthaltsräumen und vor allem verdreckt in den Kühlzellen. Deren Zustand interessiert vor allem die Angehörigen, da dort ihr verstorbenes Familienmitglied aufbewahrt oder sogar aufgebahrt wird.

Woran liegt es, dass die Leichenhallen so verdreckt sind? Wahrscheinlich haben die Reinigungskräfte, hierfür eigens bei der Stadt oder Gemeinde angestellt, keine Lust, sich ein Bein auszureißen. Warum auch? – Ihr Chef, der Friedhofswart, geht ja mit gutem Beispiel voran. Als städtischer Angestellter bekommt er das gleiche Gehalt, ob mit oder ohne Dreck in der Leichenhalle.

Eine Oase des Friedens?

Die Leichenhalle ist denkbar weit vom Kontroll- und Einflussbereich der Stadt- oder Gemeindeverwaltung entfernt. Seit man die Friedhöfe während der Reformation vor die Städte verlagert hat, sind sie ein Außenposten vieler Gemeinden. Auch den Chef des Friedhofswarts zieht es aus der Verwaltung nicht unbedingt in die Nähe von Toten, wenn es sich vermeiden lässt. Er ist froh, dass er jemanden gefunden hat, der den Job als Friedhofswart übernimmt. So hat es sich ergeben, dass die Leichenhalle vor den Toren der Stadt eine eigene kleine Welt für sich ist. Eine Oase, abgeschnitten von der geschäftigen Außenwelt, mit kaum Personal. Keine Kollegen, keine Sekretärin, kein Pförtner, nichts. Eigentlich nur der Friedhofswart und die Reinigungskraft, wenn sie denn da ist. So wie es in vielen deutschen Leichenhallen aussieht, scheint sie sehr selten da zu sein. Ja, es stellt sich die Frage, ob es sie überhaupt gibt.

Die Totengräber halten sich zwar häufig im Aufenthaltsraum der Leichenhalle auf, um sich von ihrer anstrengenden Arbeit auszuruhen oder zu schlafen, aber sie gehören dort nicht zum Personal. Sie sind dem Baubetriebshof unterstellt, arbeiten auf dem Friedhof, verkehren in der Leichenhalle, aber zu sagen haben sie dort nichts. Obwohl sie sich manchmal so aufführen, als gehöre ihnen nicht nur die Leichenhalle, sondern der ganze Friedhof. Mit dem Friedhofswart sind sie meist gut befreundet und gehen zusammen mit ihm einträglichen Nebenjobs nach. Wir werden im Kapitel über die Totengräber noch darauf zurückkommen; hier wie dort ist das ein ergiebiges Thema: Alles hängt finanziell eng miteinander zusammen, eine Hand wäscht die andere – mafiöse Strukturen eben.

Klatsch und Tratsch über Tote

Wo man nett beisammensitzt und sich gut unterhält, wird natürlich auch ordentlich getratscht. Nicht nur über das Liebesleben der evangelischen Pastoren, über Arbeitskollegen und Bestatter. Es werden auch Informationen, die der Friedhofswart nur von Amts wegen hat, über die Toten und deren Angehörigen, mit äußerster Freigebigkeit ausgeplaudert. Jeder, der im Aufenthaltsraum zufällig anwesend ist, darf davon Kenntnis erlangen: die Reinigungsfrau und die Totengräber sowieso, auch die Sargträger, der Gärtner und Bestatter von der Konkurrenz. Ehemalige Angestellte, die zufällig zu Besuch sind, anwesende Handwerker und Freunde, Bekannte oder Familienangehörige der Obengenannten. Jeder bekommt über jeden alles zu hören. Den Friedhofswart juckt's nicht.
Auch manche Bestattergehilfen berichten brühwarm von den Unfallopfern, die sie aus Autowracks geborgen haben. Da wird vor versammelter Mannschaft in allen Einzelheiten ausgebreitet, in welchem Zustand sich der Körper des Toten befand oder das, was noch von ihm übrig ist.
Detailliert wird über einzelne Körperteile berichtet, an welcher Stelle im oder außerhalb des Fahrzeuges sie sich befanden und wie weit sich der Leiche in den Kopf blicken ließ.

Sensationslüstern, getragen von dummdreistem Selbstbewusstsein, werden sämtliche Einzelheiten eines tragischen Verkehrsunglücks im Aufenthaltsraum der Leichenhalle ausgebreitet.
Nur mit Reden allein ist es freilich nicht getan. Manche Anwesende verspüren den sehnlichen Wunsch, auch mal einen Blick auf den einen oder anderen Leichnam zu werfen. Besonders bei spektakulären Todesfällen mit starken Entstel-

lungen ist dies der Fall. Und so passiert es, dass, aus Sicht der Angehörigen, wildfremde Menschen in den Kühlzellen umherspazieren wie auf einer Besichtigungstour, um sich an Verstorbenen und deren Verletzungen zu ergötzen. Auch das wäre wohl kaum im Sinne der Angehörigen, wenn sie davon wüssten, und im Sinne der Toten wahrscheinlich auch nicht.

Selbstbedienungsladen Leichenhalle

Dass im öffentlichen Dienst veruntreut, in städtischen und gemeindeeigenen Gebäuden gestohlen wird, ist nichts Neues, und somit dürfte es kaum verwundern, dass dies auch in der Leichenhalle gehörig der Fall ist. Hier kommt sogar noch ein besonderer Begünstigungsfaktor hinzu, der in anderen öffentlichen Gebäuden fehlt: Eine geradezu unübersichtliche Anzahl von Leuten besitzen einen eigenen Schlüssel und hat so jederzeit unkontrollierten Zutritt zur Leichenhalle, sieben Tage in der Woche und rund um die Uhr. Alle örtlichen Bestatter müssen schon deswegen einen Schlüssel besitzen, um jederzeit einen Verstorbenen in die Leichenhalle einliefern zu können. Ein Sterbefall kann sich auch nachts und am Wochenende ereignen, zu Zeiten also, in denen die Leichenhalle nicht besetzt ist. Der Tod kennt keine Geschäftszeiten.
In den übrigen städtisch-öffentlichen Gebäuden ist dies nicht möglich. Dort würde sich jeder schnell verdächtig machen, den man nachts oder an Wochenenden anträfe. Erst recht, wenn er mit einem geräumigen Kastenwagen direkt vorm Gebäude parkt und diesen emsig ein- oder auslädt. In der Leichenhalle dagegen ist dies völlig normal.
Die zahlreichen Schlüssel der Bestatter kursieren darüber hinaus in noch größerer Anzahl als Duplikate bei deren Mitarbeitern, Gehilfen, Assistenten, Fahrern, Bekannten usw.

Eben bei all jenen Leuten, die den Bestatter vertreten, wenn er in Urlaub ist oder die in Arbeitsteilung mit ihm Zutritt zur Leichenhalle haben müssen. Dem Missbrauch sind also Tür und Tor geöffnet.
Auch manche Bestattergehilfen bedienen sich in der Leichenhalle ungeniert. Alles, was nicht niet- und nagelfest ist und für das sie auch nur im Entferntesten eines Tages Verwendung finden könnten, reißen sie sich unter den Nagel, zum Beispiel hochwertige chemische Reinigungsmittel, die, wie wir ja inzwischen wissen, ohnehin selten in der Leichenhalle benutzt werden. Auch WC-Papier, Reinigungstücher, Kittel, Schürzen, Arbeitskleidung, Handwerkszeug und sonstige Utensilien lassen sie auf ihren regelmäßigen Inspektionstouren durch das Gebäude mitgehen. Außer ihnen selbst befindet sich ja meistens niemand dort, und kontrolliert wird auch kaum. Mit einer Checkliste in der Hand zwischen Leichen Inventur zu machen, wäre wohl etwas unpassend.

Sex in der Leichenhalle?

Wie bereits erwähnt, besitzt jeder Bestatter einer Stadt seinen eigenen Schlüssel zur Leichenhalle und hat somit jederzeit Zutritt. Glaubt man gewissen Gerüchten, so nutzte ein Bestatter diese Möglichkeit zu seiner »privaten Freizeitgestaltung«. Er lieferte nämlich nicht nur Verstorbene nachts dorthin, sondern vergnügte sich auch sexuell in der Leichenhalle.
Mit zu den Räumen einer größeren Leichenhalle gehört ein Ruheraum, ausgestattet mit einer bequemen Liege, die für Notfälle vorgesehen ist. Beispielsweise für Angehörige, die während einer Trauerfeier ohnmächtig werden. In besagten Ruheraum also sollen dem Bestatter durch seinen Bestattungsgehilfen käufliche Frauen zugeführt worden sein, um so

auf bequeme Weise die Hotelkosten für die außerehelichen Abenteuer zu sparen …

Wer aber könnte der Zweckentfremdung und den Unterschlagungen in unseren Leichenhallen Einhalt gebieten? Zumindest der Friedhofswart. Er müsste mit der Zeit eigentlich stutzig werden und die eine oder andere Unregelmäßigkeit bemerken, aber das wiederum ist sehr unwahrscheinlich bei dem Schlendrian, der dort herrscht. Außerdem hat mancher Friedhofswart selbst keine blütenweiße Weste und wird sich deshalb hüten, mit dem Finger auf andere zu zeigen. Mit ihm und seinen kleinen Geschäften wollen wir uns im nächsten Kapitel beschäftigen.

Für eine Hand voll Euros mehr

Der Friedhofswart

Im Nebenjob Sargträger oder Bestattergehilfe

Der Friedhofswart (oder Leichenhallenwart) ist selten ausgelastet und hat daher Zeit für viele einträgliche Nebengeschäfte. Diese bieten sich bei seiner Tätigkeit geradezu an, denn manchmal finden auf dem Friedhof wochenlang keine Beerdigungen statt. Zu den Aufgaben eines Friedhofswarts gehören, außer dem Führen der Trauergemeinde zum Grab, zwar auch Tätigkeiten wie Akten in Ordnung halten und Grabsteine kontrollieren, aber auch das füllt seine Zeit kaum aus. Da nützt es auch nichts, wenn er seine Frühstückspause regelmäßig auf zwei Stunden ausdehnt. Der Friedhofswart hat Zeit im Überfluss. Und in der Abgeschiedenheit seines Arbeitsplatzes kann er schalten und walten, wie er will. Niemand kontrolliert ihn.

Der Friedhofswart steht an vorderster Stelle, wenn es zum Beispiel gilt, einen »ausgefallenen« Sargträger bei einer Beerdigung zu ersetzen. So kann er einspringen und sich ein Zubrot verdienen. Offiziell darf er das natürlich nicht, Sargtragen während der Arbeitszeit. Er darf ohne Wissen und Billigung seines Arbeitgebers überhaupt keine Nebenbeschäftigung annehmen. Aber die Wahrscheinlichkeit, erwischt zu werden, ist gering – solange nicht sein Chef selbst bei einer Beerdigung anwesend ist und ihn beim Sargtragen sieht. In diesem Fall muss es eben heißen, ein Träger sei ver-

hindert gewesen oder nicht rechtzeitig zur Beerdigung erschienen.
Vorsichtshalber schaut der Friedhofswart jedoch vor jeder Beerdigung, ob jemand vom Amt, der ihn kennt, zufällig da ist. Das Sargtragen macht er selbstverständlich schwarz, lässt sich das Geld vom Sargträgerdienst oder Bestatter auf die Hand zahlen. Etwa 25 Euro pro Beerdigung, bei der er ja ohnehin anwesend ist und dem Trauerzug voraus läuft, denn das gehört zu seinen Aufgaben als Friedhofswart. Am Grab braucht er nur kurz mit anzufassen, um den Sarg vom Rollwagen aufs Grab zu heben, ein Kinderspiel. Eine halbe Minute zusätzliche Arbeit und 25 Euro dafür verdient, sauber!
Weil auf dem Friedhof, wie gesagt, manchmal wenig los ist, fährt der Friedhofswart, der nebenberuflich für den Sargträgerdienst arbeitet, schon mal mit in die Nachbarstädte und trägt auch dort. Auf Friedhöfen also, die nicht einmal seiner Stadt oder Gemeinde unterstellt sind und daher auch nicht zu seinem Tätigkeitsbereich gehören. Und dies natürlich ebenfalls während seiner offiziellen Dienstzeit. Die Beisetzungszeiten sind fast überall gleich, maximal um eine Viertelstunde verschoben. Terminüberschneidungen weiß ein cleverer Friedhofswart dadurch zu umgehen, dass er entweder selbst einen Krankenschein einreicht oder ein »krankes« Familienmitglied vorschiebt. So kommt ein unterbeschäftigter Friedhofswart auf etwa 20 bis 30 Beerdigungen im Monat, bei denen er noch zusätzlich als Sargträger fungiert. Da kommt in Euro einiges zusammen.
Mit dem Sargtragen allein ist es für den Friedhofswart aber nicht getan. Immer öfter finden Feuerbestattungen statt und folglich werden immer mehr Urnen beigesetzt.
Auch wenn der Sargträgerdienst irgendwann überflüssig sein wird, der Friedhofswart ist noch lange nicht arbeitslos. Denn

der trägt jetzt die Urnen, nicht mehr für den Sargträgerdienst, sondern für den Bestatter.
Und da er schon mal für ihn tätig ist, hilft er dem Bestatter auch gleich beim Einsargen oder erledigt für ihn, gegen Bezahlung bar auf die Hand, das Herrichten der Leichenhalle für die Trauerfeier. Muss man es noch extra erwähnen? – Das Urnentragen und das Einsargen findet natürlich ebenfalls während der Arbeitszeit statt, für die der Friedhofswart von Steuergeldern bezahlt wird. Aber das ist ein anderes Thema.
Nicht alle Friedhofswarte sind so geschäftstüchtig wie unser zuvor beschriebenes Exemplar. Es gibt auch das genaue Gegenteil: Friedhofswarte, die sich dem bezahlten Müßiggang hingeben, während sie von Amts wegen mit einer geräumigen Dienstwohnung verwöhnt werden. Sie liegt zwar direkt neben der Leichenhalle, mit Blick auf den Friedhof, und der Friedhofswart und seine Familie sehen den ganzen Tag nur das eine, aber dieser Umstand gereicht eher anderen zum Nachteil: Ihre Familienstreitigkeiten tragen sie nämlich gern auch schon einmal während einer Trauerfeier aus, und den Lärm aus ihrer Dienstwohnung können die Trauergäste nicht überhören, während sie von ihren Verstorbenen in Ruhe Abschied nehmen wollen.

Verzweifelte Grabsuche

Ein warmer Herbstnachmittag auf dem Friedhof einer süddeutschen Mittelstadt, kurz nach 14 Uhr. Die Predigt des Pfarrers in der Trauerkapelle ist soeben zu Ende gegangen. Er läutet den Sargträgern, die kurz darauf durch einen Seiteneingang in der Trauerkapelle erscheinen, Kränze und Gestecke vor dem Sarg zur Seite räumen und den Sargwagen langsam aus der Kapelle rollen. Vor ihnen geht der Pfarrer mit den Messdienern, davor der Friedhofswart, der den Trauerzug anführt. Hinter den Sargträgern folgen in langsamem Tempo die Angehörigen des Verstorbenen und die Schar der übrigen Trauergäste.

Der Friedhofswart hat als »Vorläufer« die Aufgabe, die Sargträger, den Pfarrer nebst Anhang und die Trauergemeinde zum Grab zu führen. Das hört sich überflüssig an, ist aber notwendig. Manche Friedhöfe sind ganz schön groß, einige Kilometer lang. Oft sind auch mehrere Gräber gleichzeitig ausgehoben. Der Sarg muss in ein bestimmtes Grab, das nämlich, welches die Angehörigen von der Stadt für Jahre gemietet haben.

Wo das ist, weiß außer dem Friedhofswart nur noch der Bestatter. Der Bestatter ist nicht da. Nicht jeder Bestatter geht bei der eigentlichen Beisetzung mit zum Grab, viele halten sich lieber dezent im Hintergrund; zwar ansprechbar für die Angehörigen, nicht jedoch an vorderster Stelle. Dafür ist der Friedhofswart zuständig.

Nun bewegt sich also der ganze Trauerzug in Richtung Grab. Als die letzten Trauergäste die Kapelle verlassen haben, fängt der Bestatter schon langsam an, Dekoration und Kerzenständer abzubauen.

Der Friedhofswart weiß, so glaubt man, wo das Grab liegt. Die Sargträger könnten es auch wissen, wenn sie sich vorher das Grab angeschaut hätten. Haben sie aber diesmal nicht. Sie haben darauf verzichtet und sich auf den Friedhofswart verlassen. Der Pfarrer weiß es ohnehin nicht. Die Trauergäste und die Angehörigen wissen es auch nicht, aber selbst wenn sie es wüssten, würde es ihnen nichts nützen. Sie könnten schlecht einen eigenen Weg einschlagen und den Herrn Pfarrer mit seinen Messdienern allein weitermarschieren lassen. Der Trauerzug folgt also dem Friedhofswart kreuzbrav über den Friedhof zur vermeintlichen Grabstelle. Der Friedhofswart läuft und läuft, das Grab ist auffallend weit entfernt. Als der Friedhofswart fast die Länge des Friedhofs einmal durchschritten hat, biegt er im rechten Winkel seitlich ab, die Trauergemeinde hinterher. Der Friedhofswart läuft und läuft, das Grab ist noch immer auffallend weit entfernt. Fast ist er um die Hälfte der bereits durchschrittenen Strecke wieder zurückgekehrt, nur auf der anderen Seite.

Er hätte also theoretisch auch anders laufen können, kürzer, fällt den ersten Trauergästen auf. Aber dadurch lässt sich der Friedhofswart nicht aus der Ruhe bringen, er läuft immer noch. Nur, dass er jetzt ab und zu stehen bleibt, sich umblickt und dann wieder in eine andere Richtung abbiegt, die Trauernden tapfer hinterher. Ihnen bleibt nichts anderes übrig, irgendwann wird der Friedhofswart das Grab ja wohl gefunden haben.

Was die Trauernden nicht wissen, sondern höchstens ahnen, wenn sie schon einige Beerdigungen auf dem Friedhof besucht haben: Der Friedhofswart ist sternhagelvoll.

Er kann sich beim besten Willen nicht mehr erinnern, wo die vorgegebene Grabstelle, das ausgehobene Erdloch ist, und muss jetzt hier auf dem Friedhof während des Laufens seine letzten Gedankenfetzen sortieren: In welcher

Richtung war noch mal das Grab? Währenddessen läuft er weiter.
Mittlerweile ist er so verzweifelt, dass er sogar ein anderes offenes Grab, ein falsches, in Kauf nehmen würde. Man könnte ja später noch einmal in Ruhe umbetten. Aber es ist überhaupt kein leeres Grab, weder ein falsches noch ein richtiges, im Moment auszumachen. Nachdem die Trauernden zusammen mit dem Friedhofswart auf diese Weise den Friedhof mehrmals in verschiedenen Richtungen durchschritten haben, sind sie schließlich doch noch am gesuchten Grab angekommen. Irgendwann waren einfach alle Möglichkeiten ausgeschöpft. Einige ältere Trauernde sind vor Anstrengung erschöpft und müssen sich gegenseitig stützen. In Anbetracht des langen Fußmarsches fasst sich der Pfarrer bei seiner Grabrede kurz. Der Friedhofswart ist längst schon verschwunden. Eine seltene Ausnahme? Nein, auch so etwas gehört zum Alltag auf deutschen Friedhöfen!

Auf Schatzsuche in der Leichenhalle

Die Blumenhändler

Die Blumenhändler, scheinbare Außenseiter im Bestattungsgewerbe, hängen enger mit dem Vorgang der Beerdigung zusammen als man für gewöhnlich annehmen würde. Über die finanziellen Verstrickungen der Floristen mit dem Bestatter haben wir in dem Abschnitt »Der Deal mit dem Blumenhaus« ja schon berichtet. Auch kommt es durchaus vor, dass der Mitinhaber eines Blumengeschäfts, der durch diese Tätigkeit ohnehin schon in der Leichenhalle ein und aus geht, gleichzeitig als Sargträger oder Totengräber auf dem Friedhof arbeitet. In dieser Branche scheint alles möglich zu sein.

Außer der Lieferung des Blumenschmucks, der Kränze und des Sargbouquets am Tag der Beisetzung stellen die Floristen auch manchmal die Dekoration in der Leichenhalle. Hierzu vermieten sie kleine Bäume und Sträucher für die Dauer der Trauerfeier zu einer üppigen Leihgebühr über den Bestatter an die Angehörigen. Da sie nur eine nachrangige Aufgabe erfüllen, ist ihnen in ihrer typischen Lieferantenfunktion eine vernachlässigte Aufmerksamkeit sicher. Ein Umstand, den mancher Florist schamlos ausnutzt. Zusammen mit den Blumen und Kränzen, die das Blumenhaus für die Trauerfeier liefert, werden verschlossene oder unverschlossene Umschläge mit den Beileidskarten der Trauergäste abgegeben. In vielen dieser Trauerkarten befinden sich 50- oder 100-Euro-Scheine,

Geld, das der Familie des Verstorbenen für die Kosten der Beerdigung zukommen soll.
Da der Blumenschmuck oft schon Stunden vor der Trauerfeier in der Leichenhalle liegt, sogar bevor der Bestatter erscheint, hat der Blumenhändler genügend Zeit, die Trauerkarten auf ihren wertvollen Inhalt hin zu durchsuchen. Dabei begnügt er sich selbstverständlich nicht mit den Trauerkarten, die er selbst mitgeliefert hat. Diese kann er auch zu Hause risikolos unter die Lupe nehmen, was nicht zwangsläufig auf ihn zurückfallen muss, da nur die allergewissenhaftesten Trauergäste bei den Angehörigen nachfragen, ob diese das Geld auch erhalten haben. Allerhöchstens fragen sie nach dem Kranz und eventuell noch nach der Trauerkarte an sich. Der Rest wird stillschweigend angenommen, bleibt unausgesprochen. Über Geld spricht man bekanntlich nicht, über Geld in Zusammenhang mit einem Trauerfall schon gar nicht. Übrigens eine Einstellung, die auch dem Bestatter, wie wir schon gesehen haben, zugutekommt. Das Risiko für den Blumenhändler bei seinen selbst gelieferten Trauerkarten ist also denkbar gering, aber er ist meist nicht der einzige Blumenlieferant.
Zwar hat er speziell bei dieser Beerdigung, entweder vom Bestatter selbst oder von den Angehörigen, den Vorrang erhalten, um die Trauerfeier floristisch auszuschmücken, aber nicht *alle* Trauergäste wenden sich an ihn. Manche haben von der Beerdigung erst aus der Zeitung erfahren, sind nur fern verwandt oder waren nur geschäftlich mit dem Verstorbenen verbunden. Sie nehmen vor der Beisetzung keinen Kontakt mit den Angehörigen auf, wenden sich separat an ein Blumenhaus und lassen von diesem einen Kranz oder eine Blumenschale mit Schleifengruß und Karte liefern. Die Anzahl der örtlichen Blumenhäuser, zumal der in Friedhofsnähe, ist zwar beschränkt, trotzdem kommt es vor allem bei größeren

Beerdigungen vor, dass Trauergäste einen Floristen in einer anderen Stadt beauftragen.

So sind drei bis vier weitere Blumenlieferanten bei einer Beerdigung beteiligt. Auch von diesen liegen die Umschläge mit den Trauerkarten (nebst eventuell darin enthaltenem Geld) schon beizeiten mutterseelenallein in der Leichenhalle und warten darauf, durchgesehen und gegebenenfalls ihres Inhalts beraubt zu werden.

Mittlerweile scheint sich diese lukrative Möglichkeit des schnellen Geldverdienens auch außerhalb der Bestattungskreise herumgesprochen zu haben. Im April 2006 verurteilte das Amtsgericht Trier (Rheinland-Pfalz) eine Rentnerin zu zehn Monaten Freiheitsstrafe auf Bewährung, weil sie den Trauerkarten-Trick im großen Stil anzuwenden wusste. Sie studierte die Todesanzeigen in der Zeitung und fuhr daraufhin systematisch die Beerdigungen in ihrer Region ab, um sich ihre karge Rente aufzubessern.

Teurer Trost

Die Trauerredner

Die Predigt – kurz und schmerzvoll

Nicht alle Pastoren, ob katholisch oder protestantisch, haben Lust zu einer langen Predigt. Die Protestanten predigen in der Regel etwas länger als die Katholiken, aber es kommt natürlich vor allem auf die Umstände der Trauerfeier an. Manchmal hat zuvor schon das sogenannte Sterbeamt, der Trauergottesdienst für den Verstorbenen in der Kirche, stattgefunden. Manchmal ist es auch direkt nach der Beerdigung oder erst ein paar Tage später. Wenn vorher schon das Sterbeamt gehalten wurde, ist die Predigt in der Trauerkapelle am Friedhof entsprechend kürzer. Oft ist die Predigt allerdings auch ohne vorheriges Sterbeamt erschreckend kurz. Mancher Pfarrer benötigt dafür nur ganze fünf Minuten.
Nicht genug damit, dass manche Pastoren versuchen, den Weltrekord im Kurzpredigen aufzustellen, sie leiern die Trauerpredigt auch noch gleichgültig und lieblos herunter. So desinteressiert, dass es haargenau immer die gleiche Predigt ist. Nur die Namen der Verstorbenen sind andere. Verzeihung: sollten andere sein, denn die Namen werden auch schon mal verwechselt. Da mag eine Magdalene Müller verstorben sein, doch der Pfarrer beerdigt in seiner Trauerrede Frau Luise Schneider, die Verstorbene vom vorigen Monat, noch einmal. Die Angehörigen sind zu Recht schockiert, schließlich hatten sie mit dem Pfarrer ein ausführliches Trauergespräch wegen

der Verstorbenen geführt, hatten ihn auf Besonderheiten in deren Lebenslauf, auf spezielle Lebensabschnitte und Hobbys aufmerksam gemacht. Alles für die Katz.
Der Pfarrer hat offensichtlich den Zettel vertauscht. Also hatte er sich inhaltlich mit der Verstorbenen und den Angehörigen überhaupt nicht auseinander gesetzt, sondern einfach nur sein Schema F heruntergeleiert. Beschämend ist so etwas schon, aber die Arbeit des Pfarrers ist natürlich in erster Linie Angelegenheit der Kirche und interessiert hier nur am Rande.

Die Laienprediger

Die Alternative zu den kirchlichen Predigern sind die freiberuflichen *Bestattungsredner* oder *Trauerredner*, im Fachjargon auch *freie Prediger* oder *Laienprediger* genannt. Meist sind es Laienpredigerinnen, zuweilen übernimmt auch die Ehefrau eines Bestatters diese Aufgabe. Ein Berufsstand, der schwer im Kommen ist. Nebenberuflich und schwarz natürlich, denn welcher Steuerfahnder verspürt schon Lust, Rednern auf einer Trauerfeier hinterherzuspionieren. In Zeiten, in denen immer mehr Leute aus der Kirche austreten, ob aus Überzeugung oder um die Kirchensteuer zu sparen, schlägt die Stunde der Laienprediger. Denn ganz ohne Abschiedsritual möchten auch die »Konfessionslosen« oder deren Angehörige keine Beisetzung abwickeln.
Die weltlichen Trauerredner haben eine Tradition, die bis ins 19. Jahrhundert zurückgeht. Als »Freidenker« wollten sie sich von der Tradition der Kirche lösen und Bestattungen ohne Gottesdienst durchführen. Nachdem die Nationalsozialisten ihre Zusammenschlüsse verboten hatten, konnte sich erst wieder nach dem Zweiten Weltkrieg eine außerkirchliche Bestattungszeremonie entwickeln. In Westdeutschland wird

heute etwa jeder zehnte Verstorbene nicht kirchlich bestattet. Im Osten Deutschlands hingegen ist das Verhältnis genau umgekehrt. Das kirchliche Begräbnis ist dort die Ausnahme.
Wie bei den Bestattern, gibt es auch bei den Trauerrednern keine offizielle Ausbildung. Am geeignetsten erscheint immer noch, wer ein theologisches oder zumindest psychologisches Studium absolviert hat. Viele wählen den Beruf auch, weil sie selbst den Tod einer nahestehenden Person nicht verkraftet haben. Sie belasten dann die Angehörigen mit ihrer eigenen Trauer oder projizieren ihre Probleme in die Trauernden hinein.
Ihre Aufträge erhält die Trauerrednerin oder Laienpredigerin über den Bestatter. Jeder Bestatter verfügt diesbezüglich über ein paar Namen und Telefonnummern und schlägt den Angehörigen vor, welche sie buchen können. So eine Laienpredigerin verdient nicht schlecht, 250 Euro für maximal eine halbe Stunde. Hinzu kommt noch der kurze Gang zum Grab und das Vorbereitungsgespräch mit den Angehörigen. Dabei verwendet die Laienpredigerin einen vorbereiteten Standardtext, den sie im PC gespeichert hat und mit ein paar geringfügigen Änderungen an den aktuellen Sterbefall anpasst. Das Geld gibt's bei der Beerdigung vom Bestatter bar auf die Hand. Wie viel er den Angehörigen nachher berechnet, ist eine andere Sache.

Vom Friedhofsarbeiter zum Privatunternehmer

Die Sargträger

Sargträgerdienste – schwarz wie die Nacht

Sargträger ist ein Job, den nicht jeder machen kann und will, obwohl es nicht das Gleiche ist wie Totengräber. Früher waren die Totengräber auch als Sargträger tätig und das funktionierte so: Die Totengräber, das heißt die Friedhofsarbeiter, zogen sich während ihrer Dienstzeit einfach um, wenn eine Beerdigung stattfand. Also, raus aus den Arbeitskleidern, rein in den schwarzen Sargträgeranzug mit Hemd, Krawatte und Schirmmütze. Im Winter kam noch ein schwarzer Mantel darüber. Kaum war der Sarg im Loch, wieder raus aus der Sargträgerkleidung und zurück in die Arbeitsklamotten, anschließend das Grab zuschütten.
In den 1990er-Jahren wurde alles privatisiert. Den Sargträgerdienst regeln seitdem private Firmen. Hierzu schlossen sich mehrere Bestatter zusammen und gründeten einen gemeinsamen Trägerdienst, der sowohl bei Beerdigungen als auch bei der Überführung von Sterbefällen tätig wird. So bleibt es den einzelnen Bestattern erspart, eigene Leute zu beschäftigen.
Oder es gründete beispielsweise ein Totengräber, der früher auch als Sargträger tätig war, nebenberuflich einen Sargträgerdienst. Weil er im öffentlichen Dienst beschäftigt ist, bräuchte er dazu die Zustimmung seines Arbeitgebers, also läuft das Gewerbe offiziell über seinen Bruder.

Die »Firmenausstattung« zu finanzieren war kein Problem, denn die alten Kleider der Sargträger, mehr brauchte man dazu nicht, hingen ohnehin noch im Schrank der Leichenhalle. Teilweise dreißig Jahre alte Uniformen, aber das stört niemanden. Eine Ablösesumme für das »Inventar« verlangte die Stadt auch nicht. Formal waren die alten Klamotten ja nichts mehr wert, und die Behörde war froh, dass jemand den Service übernahm. Bloß einen Gewerbeschein über die Sargträger-Dienstleistung beantragen, und los geht's. Ein Telefon ist das einzige Handwerkszeug, das man dazu benötigt; zum Einteilen der Träger: Wer darf wann, wo und bei welcher Beerdigung tragen?
Natürlich sind die Kollegen Totengräber weiterhin als Sargträger behilflich, bloß dürfen sie es jetzt nicht mehr offiziell tun. Es wurde ja privatisiert und gehört nun nicht mehr zu ihrem Dienst. Aber die gleichen Leute sind immer noch da, und man arbeitet sowieso täglich auf dem Friedhof zusammen. Nun tragen die Totengräber also während der Arbeitszeit Schwarz im doppelten Sinn. Nicht wenige Friedhofsarbeiter in Deutschland gehen durch Sargtragen einem inoffiziellen Nebenverdienst nach. Die Versuchung hierzu ist einfach zu verlockend, schließlich sitzen sie täglich an der Quelle.
Die Anzahl der früheren Totengräber reichte natürlich nicht aus, um den Sargträgerdienst am Laufen zu halten. In den Nachbarstädten wurde ebenfalls privatisiert, aber dort war vielleicht aus Altersgründen niemand daran interessiert, den Sargträgerdienst zu übernehmen. Also betreute man die Beerdigungen in anderen Städten gleich mit.
Dazu brauchte man natürlich mehr Träger als nur die eigenen Kollegen, schließlich finden Beerdigungen auch mal parallel statt. Außerdem müssen die Totengräber jetzt aufpassen, dass sie von ihrem Vorgesetzten nicht erwischt werden. Man

braucht also weitere Sargträger. Bekannte der Totengräber werden angesprochen, und man sucht per Zeitungsinserat. Der Chef des Sargträgerdienstes trägt selbst während seiner Arbeitszeit fleißig mit und spart so gleich noch Personalkosten. Er muss nur aufpassen, dass er sich nicht erwischen lässt. Allerdings ist er bei seinem Vorgesetzten durch das Sargträgergewerbe seines Bruders schon etwas besser angesehen, und jeder weiß im Grunde ja, dass er dahintersteckt. Da drückt sein Chef schon mal ein Auge zu; er darf es nur nicht übertreiben.

Mit der Zeit stellte man fest: »Normale« Leute wollen den Job nicht machen, obwohl die Bezahlung überdurchschnittlich gut ist. So passiert es zwangsläufig, dass bei den Sargträgern die kuriosesten Gestalten vertreten sind, die den Verstorbenen auf seiner letzten Reise begleiten. Häufig natürlich Frührentner, zwischen fünfzig und sechzig Jahre alt. Aber auch andere verschrobene, kränkelnde Charaktere, für die Körperpflege ein Fremdwort zu sein scheint und deren Alkoholfahne schon am Vormittag zu riechen ist.

Das andere Extrem sind Rentner, die schon so alt und gebrechlich sind, dass bereits der Gang mit dem Sargwagen zum Grab, der ja sehr langsam vorangeht, damit die Trauergemeinde Zeit hat, dem Sarg zu folgen, für sie eine körperliche Tortur bedeutet. Sie kommen dabei so sehr außer Atem, dass man befürchten muss, ihnen bliebe gleich die Luft weg, und zwar für immer. Eigentlich helfen sie nicht, den Sargwagen zu schieben, sondern umgekehrt: *Sie* müssen sich am Wagen festhalten, damit sie vor Erschöpfung nicht zusammenklappen. Warum sie sich diesen Job im hohem Alter, einige sind fast achtzig, noch antun, bleibt ihr Geheimnis. Natürlich sind sie schon seit Ewigkeiten dabei und vielleicht bleibt einigen von ihrer Rente tatsächlich so wenig zum Leben, dass sie aus finanziellen Gründen dazu gezwungen sind. Vielleicht *wollen* sie

aber auch einfach nicht aufhören, weil sie nicht wissen, was sie mit ihrer Zeit sonst zu Hause anfangen sollen.
Auch ein geistig Behinderter, der eigentlich nicht ohne Betreuung hätte unterwegs sein dürfen, wurde wegen Personalmangels schon einmal bei den Sargträgern beschäftigt. Zum Zeitpunkt, als der junge Mann den Sarg trug, hätte er normalerweise auf seinem Betreuungsplatz im Behindertenheim sein müssen. Die Rekrutierungspraxis sagt schon viel über die Seriosität des betreffenden Sargträgerdienstes aus.

Rücksichtslosigkeit ist Trumpf

Bei jedem Beerdigungstermin müssen die Sargträger normalerweise schon einige Zeit vorher anwesend sein, meistens eine halbe Stunde. Diese Vorsichtsmaßnahme besteht, um für den Fall, dass ein Träger unerwartet ausfällt, noch schnell Ersatz finden zu können. Da die Trauerfeier selbst auch einige Zeit in Anspruch nimmt, müssen die Sargträger mindestens eine Dreiviertelstunde auf ihren Einsatz warten. Währenddessen lümmeln sie im Aufenthaltsraum der Leichenhalle herum und lassen ihrem Unmut über die lange Wartezeit freien Lauf. Bis zum Läuten des Pfarrers sind dort Streitereien und üble Beschimpfungen an der Tagesordnung, hier und da werden Witze gerissen und es wird lauthals gelacht, was der Trauergemeinde nicht verborgen bleibt.
Manchmal geht das »Späßchen machen« sogar noch weiter, während der Sarg zum Grab rollt. Da die Angehörigen einige Meter hinter dem Sarg folgen und vorwiegend mit sich selbst und ihrer Trauer beschäftigt sind, bekommen sie die Pietätlosigkeit zum Glück normalerweise nicht mit.
Nachdem die Sargträger den Sarg wie ein altes Möbelstück ins Grab gewuchtet haben, kehren sie zur Leichenhalle zurück

und warten, bis der Pfarrer und die Trauergäste sich vom Grab entfernt haben und die Beisetzung beendet ist. Auf vielen Friedhöfen gehört es zur Aufgabe der Sargträger, die Blumen und Kränze aus der Leichenhalle zum Grab zu fahren. Dies geschieht mittels eines oder mehrerer Kranzwagen. Der Wagen ist schnell beladen, aber der Bestatter sieht es nicht gerne, wenn die Sargträger mit dem Kranzwagen zum Grab kommen, während die Trauergäste noch dort stehen. So etwas stört die Zeremonie. Also heißt es für die Sargträger wieder einmal warten. Bei großen Beerdigungen kann das ganz schön lange dauern. Zeit, in der der Unmut der Sargträger steigt. Die Rücksichtslosen unter ihnen fahren die Blumen trotzdem voreilig zum Grab. Selbst wenn noch viele Trauergäste den Weg versperren, fahren die Sargträger mit ihrem Kranzwagen hindurch, sprengen die Trauernden auseinander, und manchen Trauergast trifft der Kranzwagen gar unsanft am Bein. Am Grab werfen sie Gestecke und Kränze meist einfach lieblos irgendwo zu Boden. Blumen fallen ab, Schleifen werden zertreten, von Pietät keine Spur.

Albtraum für die Angehörigen

Da der Alkoholspiegel bei den Sargträgern, wie bereits erwähnt, manchmal recht hoch ist, passieren bei Beerdigungen regelmäßig kleinere und größere Unfälle. Die harmlosesten sind noch die, bei denen der Sarg falsch herum ins Grab hinunter gelassen wird. Der Kopf liegt dann dort, wo eigentlich die Füße liegen müssten. Solche Fälle kann man später korrigieren, auch wenn es peinlich ist. Zuweilen kommt es aber schon mal zu heftigeren Vorfällen. Beispielsweise wird der Sarg falsch auf das Ablassgerät gestellt. Um seine Position zu korrigieren, ziehen und zerren die Sargträger dann so lange, bis das Ablassgerät zusammenbricht und den Sarg mit sich in die Tiefe reißt.

Das Gleiche kann jedoch auch passieren, wenn mit Seilen abgelassen wird. Hier muss man darauf achten, dass der Sarg gleichmäßig ins Grab hinuntergleitet, und Sargträger, vor allem solche mit zu viel Alkohol im Blut, lassen das Seil schon mal zu schnell los. Der Sarg saust dann mit Kopf- oder Fußende voran in die Grube und steht dann senkrecht im Grab. Bei einem Tiefengrab donnert der Sarg sogar in dieser Position noch weiter abwärts und landet, durch den Abwärtsschwung herumgeschleudert, auf dem Bauch, also mit dem Sargdeckel nach unten. Es ist auch schon vorgekommen, dass der Sargdeckel dabei an der Grabwand aufschlug, zersplitterte und die Leiche herausfiel – für die Angehörigen natürlich ein Schock. So hatten sie sich die Beerdigung nicht vorgestellt.

Da die Gräber immer sehr eng ausgehoben werden, kann man den jetzt darin senkrecht stehenden Sarg nicht mehr so leicht zurückkippen. Und Herausziehen mit zerstörtem Deckel geht auch schlecht, weil dann jeder den Anblick des Toten vor sich hätte. So wird der geplante würdevolle Abschied für den Verstorbenen zum unvergesslichen Albtraum für die Angehörigen.

Sargträger im Grab

Manchmal werfen die Sargträger nicht nur den Sarg ins Grab, sondern fallen auch gleich selbst hinein. Meist dann, wenn sie so sehr alkoholisiert sind, dass sie kaum noch stehen können. Nachdem der Sarg in die Tiefe gelassen wurde, wird am Grab noch eine kurze Andacht gehalten. Der Pfarrer spricht die letzten Worte. Währenddessen stehen die Sargträger am Rand

des Grabes, ihre Mütze in der Hand, und versuchen andächtig ins Grab zu blicken. Mancher Sargträger verlor dabei schon sein Gleichgewicht und fiel vornüber ins Grab.
Ein ähnliches Missgeschick kann übrigens auch ohne Alkohol passieren. Bei Regen sind die erdverschmierten Metallroste um das Grab extrem glitschig. Nachlässige Sargträger, die zur Beerdigung ungeeignete Schuhe (ohne Profilsohlen) trugen, fanden sich auch schon dort wieder, wo der Sarg seine letzte Bestimmung finden sollte.

Vom Bauarbeiter zum Friedhofsgärtner

Die Totengräber

Wie wird man eigentlich Totengräber?

Als Totengräber agieren, wie bereits erwähnt, die Friedhofsarbeiter. Diese sind bei der Stadt oder Gemeinde angestellt und dem Baubetriebshof unterstellt. Irgendwann bewarben sie sich im öffentlichen Dienst, zunächst als Arbeiter im Grünflächenamt, für bauliche Arbeiten im städtischen Anlagenbereich. Dazu gehört auch der Friedhof. Sonst bepflanzen sie Verkehrsinseln, fällen Bäume oder verrichten ähnliche Tätigkeiten. Werden sie zum Friedhof versetzt, nennt man sie Totengräber.

Die Zeit der hauptberuflichen Totengräber ist lange vorbei. Dafür ist der Arbeitsanfall nach Überwindung von Pest und Weltkriegen zu gering. Millionen von Zweite-Weltkrieg-Opfern, die ohne Krieg erst jetzt gestorben wären, sind in den Gebieten der ehemaligen Sowjetunion, in der Normandie oder als Bombenopfer in Deutschland gefallen und in Massengräbern beigesetzt worden, allein in Hamburg 55 000 Menschen (entspricht einem Ausfall von 3,5 Sterbejahrgängen). Sind auf dem Friedhof keine Löcher für Särge oder Urnen auszuheben, stehen für die Friedhofsarbeiter Instandsetzungsarbeiten an: Wege anlegen, Steinplatten verlegen, einsturzgefährdete Grabsteine abstützen. Theoretisch zumindest, der wahre Zustand spricht oft eine andere Sprache.

Vom Friedhof in die Notaufnahme

Manchmal ist der Friedhof nicht nur die letzte Ruhestätte eines Verstorbenen; ein bloßer Friedhofsbesuch kann lebensgefährlich sein. Dann nämlich, wenn bei der Gefahrenbehebung an einsturzgefährdeten Grabsteinen nicht genügend Sorgfalt geleistet wurde, was regelmäßig der Fall ist.

Viele ältere Grabstätten sind tickende Zeitbomben. So kam jüngst ein Kleinkind, das mit seiner Mutter das Grab eines verstorbenen Verwandten besuchte, durch einen umstürzenden Grabstein ums Leben. Das Kind hatte nicht den Hauch einer Chance, als die schwere, fast mannshohe Marmorplatte umfiel und es unter sich begrub. Ein zynischeres Szenario für einen Unfalltod vermag man sich kaum vorzustellen. Selbst ein Erwachsener, körperlich mit ganz anderen Voraussetzungen versehen als ein Kind, käme in einem solchen Fall nicht mehr glimpflich davon. Der Verlust eines Beines oder zumindest des Fußes wäre sehr wahrscheinlich. Besonders, wenn man bedenkt, dass vorwiegend ältere, gebrechliche Menschen die Gräber besuchen. Gerade im hohen Alter scheint der Friedhof seine stärkste Anziehungskraft zu entfalten. Auch diese können allzu leicht Opfer der umstürzenden Steinmassen werden. Zwar sind manche dieser gefährlichen Grabsteine mit Warnaufklebern markiert, aber diese Hinweise sind ziemlich klein und nur auf einer Seite angebracht, sodass man sie leicht übersieht. Außerdem herrscht auf manchem Friedhof solch ein Schlendrian, dass zahlreiche infrage kommende Grabsteine noch längst nicht auf ihre Einsturzgefährdung hin inspiziert worden sind.

Dabei müssen es nicht immer so dramatische Fälle wie ein umfallender Grabstein sein, damit sich an einen Friedhofsbesuch die ärztliche Unfallbehandlung nahtlos anschließt. Die Steinplatten der vielen kleinen Gehwegen zwischen den

Gräbern sind oft so wacklig, dass sie gefährliche Stolperfallen darstellen, was schon für so manche Verletzung an Fußgelenken verantwortlich gewesen ist.
All diesen Gefahren im Voraus zu begegnen, die betroffenen Bereiche abzusperren und schnellstmöglich für Abhilfe zu sorgen, wäre Pflicht der Gemeinde, die ja den Angehörigen der Verstorbenen dafür hohe Friedhofsgebühren in Rechnung stellt.
Die Friedhofsarbeiter scheinen mit dieser Aufgabe jedenfalls selten betraut zu sein oder sie nicht sonderlich ernst zu nehmen. Warum auch? Wenn es auf dem Friedhof doch viel einträglichere Tätigkeiten gibt.

Im Nebenjob Sargträger

Jedenfalls haben die Friedhofsarbeiter die meiste Zeit nicht allzu viel zu tun. Gut, wenn an einem Tag drei Beerdigungen stattfinden, kommen die Schaufeln ganz schön zum Einsatz. Aber eher sind drei Beerdigungen pro Woche die Regel. Dazwischen liegt viel Zeit, und da sie für mehrere Friedhöfe gleichzeitig zuständig sind, weiß ihr Vorgesetzter nie so recht, wo und wann sich die Totengräber gerade aufhalten.
Hinzu kommen die Fahrtzeiten zwischen den einzelnen Friedhöfen. So entstehen Zeitfenster von zwei bis drei Stunden pro Tag. Diese nutzen die Totengräber, in dem sie, während der Arbeitszeit, für die Sargträgerfirma tätig sind. Auf Kosten der Steuerzahler natürlich, da sie für ihre Dienstzeit ja ohnehin bezahlt werden. Zeit haben sie im Überfluss, also nutzen sie die Lücken, um sich durch kleine Nebenjobs ihr Gehalt aufzubessern. Hinterher kann man immer behaupten, die Beerdigung habe länger gedauert, es gab ein techni-

sches Problem mit dem Ablassgerät oder Ähnliches. Wer will einem das Gegenteil beweisen? Da der Friedhofswart nicht der Vorgesetzte der Totengräber ist, hält er sich zurück; außerdem hängt er selbst mit drin. Man kommt gut miteinander aus, und fährt während des Dienstes oft gemeinsam zu fremden Beerdigungen, um dort als Sargträger tätig zu sein.

Falsch eingegraben – und vertuscht

Hin und wieder kommt es vor, dass Särge falsch eingegraben werden. Jedes Grab ist nach einer bestimmten Richtung hin angelegt. Dort, wo später das Grabkreuz bzw. der Grabstein steht, sollte normalerweise das Kopfende des Sarges liegen. Aber manchmal wird der Sarg von den Sargträgern falsch ins Grab hinuntergelassen, dann ist das Kopfteil dort, wo die Füße liegen sollten. Das ist zwar nicht die Schuld der Totengräber, aber sie müssten es jetzt korrigieren. Tun sie jedoch nicht, denn es wäre ja ein größerer Aufwand, den Sarg noch einmal herauszuheben und umzudrehen. Also lassen sie ihn, wie er ist und schütten das Grab zu. Der Bestatter bemerkt zwar den Fehler, hält aber mit den Totengräbern zusammen dicht. Ein üppiges Trinkgeld verpflichtet sie zum Schweigen, und falls die Angehörigen reklamieren sollten, lügt er sie der Einfachheit halber an. Zu diesem Zeitpunkt ist der Sarg für Bestatter wie für Totengräber nur noch eine lästige, schwere Kiste, die sie so schnell wie möglich mit Erde zudecken wollen.

Umgebettet und eingezogen – ohne Rücksicht auf Verluste

Ab und zu werden auf dem Friedhof *Umbettungen* vorgenommen, das heißt, die Gebeine eines Toten werden in ein anderes Grab verlegt. Auch dabei gehen die Totengräber sehr pietätlos mit den Überresten der Verstorbenen um, denn mancher Angehöriger fand schon die Knochen seiner Eltern in der ausgehobenen Erde neben dem Grab. Ähnliches passiert auch, wenn die gemietete Grabnutzungszeit von beispielsweise 20 Jahren abgelaufen ist und die Gräber eingeebnet werden. Offenbar findet das Einebnen manchmal sogar *vor* dem vereinbarten Laufzeitende statt, wie ein Fall in Hannover gezeigt hat. Dort ist es einem Angehörigen, der die Grabstelle seiner Mutter besuchen wollte, nämlich passiert, dass das Grab plötzlich verschwunden war. Die Totengräber hatten, entweder auf Anweisung der Stadt oder durch eigenen Irrtum, es einfach vorzeitig eingeebnet.
Der Sohn, dem seine Trauerstelle über Nacht entzogen worden war, erlitt einen Schock und musste sich in psychologische Behandlung begeben.
In manchen Städten und Gemeinden ist es den Totengräbern zwar offiziell verboten, Umbettungen vorzunehmen, doch geschieht es dort vielfach unter der Hand, das heißt, der Bestatter schmiert lieber die städtischen Friedhofsarbeiter, als eigens eine teure Fremdfirma mit der Umbettung zu beauftragen.

Lukrative Nebengeschäfte

Manche Totengräber haben den Friedhof als Plattform für einträgliche Nebengeschäfte und zur Geschäftsanbahnung entdeckt. Außer ihrer Tätigkeit als Sargträger kennen sie nämlich noch weitere Möglichkeiten, nebenbei Geld zu verdienen, und zwar mit dem Fuhrpark ihres städtischen Arbeitgebers. Die Gräber werden heutzutage ja kaum noch mit der Schaufel ausgehoben oder zugeschüttet. Nur bei älteren Gräbern, die ungünstig liegen, ist dies der Fall. Ansonsten steht für das Ausheben des Grabes ein Minibagger und für das Zuschütten ein Lastwagen zur Verfügung. Mit diesem 2,8-Tonnen-LKW transportieren die Totengräber normalerweise Ablassgeräte, Ablassseile, Schaufeln und Materialien von einem Friedhof zum anderen. Weiter oben haben wir schon gesehen, wie leicht es ist, sich während der Arbeitszeit anderen Beschäftigungen zu widmen. Besonders an Tagen, wenn auf den Friedhöfen wenig los ist, oder freitagnachmittags. Wem fällt da schon auf, ob die Totengräber zwei Stunden später als geplant zum Fuhrpark zurückkehren? In der Zwischenzeit lässt sich nämlich die leere Fläche des LKWs gut vermieten, für Privatfahrten, die je nach Arbeitsanfall und Auftraggeber zwischen 50 und 100 Euro einbringen: zum Beispiel schwere Güter aus dem Baumarkt nach Hause transportieren, für Bauherren Schutt zum Abladeplatz fahren oder für Bekannte Wohnungsgerümpel und Gartenabfälle zur Müllhalde. Auch für Kaminbesitzer gefällte Baumstämme im Wald als Brennholz aufladen oder eine Ladung Erde von der Arbeit mit nach Hause bringen. So ist manch findiger Totengräber während seiner langjährigen Tätigkeit bei der Stadt durch seine zahlreichen Nebengeschäfte recht wohlhabend geworden.

Abzocke pauschal

Die Grabpfleger

Auch die letzte Station einer Beerdigung, die professionelle Grabpflege, steht bei der Schröpfung der Angehörigen nicht außen vor. Es haben eben alle Beteiligten, egal an welcher Stelle bei der Abwicklung eines Sterbefalls sie in Erscheinung treten, ihre Nische für sich entdeckt. Nicht jeder hat die Zeit, sich eigenhändig und regelmäßig jahrelang um die Pflege der letzten Ruhestätte seiner Angehörigen zu kümmern. Besonders Verwandte in entfernt gelegenen Städten, die nur ein- oder zweimal im Jahr zum Friedhofsort kommen, greifen dann gerne auf Grabpfleger(innen) zurück, die für solche Fälle ihre Hilfe anbieten. Auch am Wohnort kann die Grabpflege problematisch sein, wenn die Hinterbliebenen ältere Menschen sind, denen die regelmäßige Pflege oder der weite Weg zum Friedhof zu beschwerlich sind.

Die Mutter des Friedhofs

Man inseriert in der Zeitung, wenn man jemanden zur Grabpflege sucht, oder hört sich auf dem Friedhof um; sofern sich nicht in unmittelbarer Nähe des Friedhofs ein Blumengeschäft befindet, das diesen Dienst gleich mit anbietet. Entweder man bekommt sie empfohlen oder sie meldet sich selbst auf die Annonce: die örtliche Grabpflegerin, die »Mutter des

Friedhofs«. Sie betreut ohnehin schon einige Dutzend Gräber, bei ihr ist man gut aufgehoben, denkt man sich. Da sie ständig auf dem Friedhof zu tun hat, kann sie unser Grab ja gleich mitversorgen. Meistens wird ein günstiger Pauschalbetrag ausgehandelt.
Im Winter ist etwas weniger zu tun, dafür zu anderen Jahreszeiten etwas mehr. Im Sommer muss regelmäßig, oft sogar täglich, gegossen werden. Die Jahrespauschale liegt zwischen 120 und 150 Euro, nur für die reine Grabpflege. Hinzu kommen Anschaffungen für Blumen, Pflanzen usw.
Die ausgehandelte Pauschale plus Kosten für Auslagen zahlt man der Grabpflegerin im Voraus oder im Nachhinein und verlässt sich darauf, dass das Grab immer hübsch gepflegt aussieht, dass es im Herbst von Laub befreit wird, dass im Winter der Grabstein enteist ist, dass regelmäßig gegossen wird und nur frische Blumen und Pflanzen eingepflanzt sind. Man selbst ist das ganze Jahr über nicht da oder hat keine Zeit dafür. Sonst könnte man es ja auch gleich selber machen. So ist man der Grabpflegerin auf Gedeih und Verderb ausgeliefert, muss sich hundertprozentig auf sie verlassen können. Doch die Grabpflegerin ist oft vergeblich bezahlt.

Alle Jahre wieder

Da sie auf dem Friedhof zu Hause ist und alle Gräber bestens kennt, hat manche Grabpflegerin ihr eigenes kleines System der Gewinnmaximierung entwickelt. Sie weiß, dass die Wahrscheinlichkeit ziemlich gering ist, den entfernten Verwandten während des Jahres zu begegnen. Besonders an Weihnachten oder kurz nach Neujahr verspüren die meisten Menschen den Drang, einmal auf dem Heimatfriedhof nach dem Rechten zu sehen. Auch haben die meisten Menschen dann Urlaub. Die

anderen Zeiten sind die allgemeinen Sommerferien und die Oster- und Pfingstfeiertage.
In dieser Zeit besuchen vielleicht auch Bekannte der Verstorbenen den Friedhof und könnten mal beiläufig ein Auge auf das Grab werfen. Wichtige Termine sind natürlich auch die Geburtstage und die Todestage der Verstorbenen. Diese stehen meistens auf den Grabsteinen.
So weiß die Grabpflegerin also ziemlich genau, wann mit Besuchen zu rechnen ist. Die Treffen werden ohnehin telefonisch angekündigt, schließlich muss man mit der Grabpflegerin abrechnen und die Gestaltung des Grabes besprechen. Die Bezahlung geschieht immer in bar und muss daher persönlich vor Ort erfolgen. Grabpflege ist kein offizielles Gewerbe. Wenn jemand neugierig nachfragt, tut die Grabpflegerin es selbstverständlich aus Gefälligkeit.
Hauptsächlich zu diesen genannten Terminen wird die Grabpflegerin dafür sorgen, dass das Grab einigermaßen gepflegt aussieht. Die übrigen Zeiten kann sie es ruhig mehr oder weniger verlottern lassen. Es sei denn, jemand stattet mal einen Überraschungsbesuch ab, was natürlich peinlich werden könnte. Dann muss sie halt behaupten, sie sei gerade kurz davor gewesen, das Grab in Ordnung zu bringen, hätte bisher nur zu viel zu tun gehabt. Dies dürfte aber eher selten vorkommen.
Die Grabpflegerin verdient ihr Geld also fast im Schlaf. Auch die Ausgaben der Angehörigen für Pflanzen, Gestecke, Blumenerde und Ähnliches sind für die Katz. Die Grabpflegerin steckt das meiste Geld davon ein, kauft nur für einen Bruchteil davon tatsächlich neue Pflanzen oder Schalen für die von ihr betreuten Gräber und tauscht diese dann einfach regelmäßig untereinander aus.

Abzocke per Gesetz

Die Gebührenordnung

Üble Gebührenschinderei

Schließlich mischt der Staat, vertreten durch die Kommunen und die Stadt, kräftig mit, wenn es darum geht, die Angehörigen mit einer Vielzahl von Gebühren zur Kasse zu bitten. In Deutschland sind Bestattungen streng reglementiert. Die Gesetze gehen teilweise noch auf das Preußische Landrecht aus dem Jahre 1794 und das Feuerbestattungsgesetz von 1934/1938 zurück. Danach haben die Kommunen und Kirchen das Bestattungsmonopol. Nur auf deren offiziell zugelassenen Friedhöfen dürfen Erdbestattungen und Urnenbeisetzungen vorgenommen werden. Das Aufbewahren von Urnen im eigenen Heim oder das Verstreuen der Asche, wie in anderen Ländern rechtlich möglich, ist in Deutschland nicht erlaubt. Von den Gesamtkosten einer Beerdigung, die laut Verbraucherinitiative Aeternitas zwischen 2300 Euro und 13 000 Euro betragen, geht mindestens ein Fünftel der Kosten für Grabstellen und Friedhofsgebühren drauf. Oft betragen sie sogar die Hälfte(!) der Gesamtkosten einer Beerdigung. Im Gegensatz zu den Preisen der Bestatter hat der Kunde hier allerdings keinen Verhandlungsspielraum, sondern verfängt sich gnadenlos im Dickicht kommunaler Gebühren.

So sieht die »Gebührensatzung über das Friedhofs- und Bestattungswesen« zunächst eine *Grabplatzgebühr* für die

Bereitstellung des Grabes vor (Öffnen und Schließen, Ausschmückung und Einfassung mit Platten, Abräumen der Kränze und Gestecke, späteres Einebnen des Grabes).
Darin enthalten sind außerdem die Unterhaltskosten für das Friedhofsgelände sowie die Kosten der Abfallbeseitigung.
Darüber hinaus fallen für jede weitere Inanspruchnahme von Friedhofseinrichtungen zusätzliche Gebühren an: Benutzung der Kühlzellen, Annahme der Urne, Abhalten der Trauerfeier, Dekoration der Leichenhalle, Spielen der Orgel oder eigene Musikabspielung, Glockenläuten, Transport zum Grab, Benutzung des Kranzwagens. Ist ein späteres Grabdenkmal vorgesehen, wird eine entsprechende *Grabmalgenehmigungsgebühr* fällig. Bei Verlängerung der Mietdauer eines Wahlgrabes ist die Gemeinde mit der *Grabnachkaufgebühr* zur Stelle.

Im Würgegriff der Gemeinde

Da viele Kommunen pleite sind, drehen sie kräftig an der Gebührenschraube. Drastische Erhöhungen der städtischen Friedhofsgebühren um jährlich zwanzig Prozent und mehr sind keine Seltenheit. Dies hat auch zur Folge, dass die Friedhofsgebühren von Gemeinde zu Gemeinde drastisch auseinanderklaffen. Einige Preisvergleiche (Stand 2005; seither dürften sich lediglich graduelle Unterschiede ergeben haben): Kostet ein Erd-Wahlgrab (30 Jahre Nutzungsdauer) in Bielefeld (Nordrhein-Westfalen) 2910 Euro, zahlt man für die gleiche Leistung nur 245,42 Euro im 25 Kilometer entfernten Harsewinkel. Absoluter Spitzenreiter in Deutschland ist die Stadt Kelkheim im Taunus mit 4090 Euro, ein Satz, der normalerweise schon die kompletten Kosten einer Beerdigung einschließlich Bestatter und Steinmetz beinhaltet.

Ein Reihengrab in Olpe kostet 240 Euro Nutzungsgebühr, in Bochum dagegen schlägt es mit 1872 Euro zu Buche, noch dazu bei fünf Jahre kürzerer Laufzeit.
Für ein Urnen-Wahlgrab verlangt man in Düsseldorf 2025 Euro, in Köln 550 Euro und in Kleve nur noch 90 Euro.
Ein Urnen-Reihengrab der Stadt Bochum kostet 532 Euro, in Köln sind es 153 Euro und in Oberhausen lediglich 84 Euro.
Nicht anders sieht es mit den Gebühren auf den Standesämtern für das Ausstellen der Sterbeurkunden aus, diese schwanken zwischen 7 und 58 Euro.
Hat der Verstorbene vor seinem Tod nicht in der Gemeinde gelebt, in der er beigesetzt wird, ist dies ein Grund, die Hinterbliebenen gleich mit dem vierfachen Satz der sonst üblichen Friedhofsgebühren zu belasten (sogenannter Zuschlag für Auswärtige).
Dabei hängt die Höhe der Gebühren nicht nur mit der Größe der Stadt oder der Anzahl der Friedhöfe zusammen, sondern auch damit, ob den Kommunen durch konfessionelle Friedhöfe Konkurrenz gemacht wird. In Gemeinden, in denen auch die Kirchen Friedhofsträger sind, haben diese meist niedrigere Gebühren. Diese Situation könnte sich noch weiter verbessern, wenn kirchliche und kommunale Friedhöfe private Konkurrenz zu spüren bekämen. Manche Städte haben zudem viel zu große Grundstücke als Friedhöfe ausgewiesen. Da Angehörige vermehrt kleinere Gräber und kürzere Laufzeiten wählen, werden die Instandhaltungskosten der überschüssigen Flächen (für Anlagen, Grüngestaltung und Zäune) einfach auf die allgemeinen Friedhofsgebühren umgelegt.

Geschröpfte Angehörige

Obwohl die städtischen Friedhöfe mit ihren Gebühren keine Gewinne erzielen dürfen, da sie nach dem Grundsatz des Kostendeckungsprinzips arbeiten, kassieren einige Städte Deckungssummen von bis zu 115 Prozent. Falls einem der Gebührenbescheid des Friedhofträgers (Kommune oder Kirche) also zu hoch erscheint, sollte man innerhalb von vier Wochen Widerspruch einlegen.

Das kann sich durchaus lohnen. In Bonn wurde vor einigen Jahren einem Betroffenen prompt ein Teil des gezahlten Betrages zurückerstattet. Kurze Zeit darauf hat die Stadt Bonn ihre Friedhofsgebühren ganz offiziell gesenkt. Eine solche Vorgehensweise dürfte indes die große Ausnahme bleiben. Die meisten Angehörigen denken in ihrer Trauer gar nicht daran, vor Gericht zu ziehen, sondern zahlen lieber anstandslos. Eine Einstellung, die auch den Bestattern bestens vertraut ist.

Bestattung in Österreich

»Der Tod, das muss ein Wiener sein«
(Georg Kreisler)

Die Wiener und der Tod

Den Wienern wird ein besonderes Verhältnis zum Tod nachgesagt. Sei es, dass sie beim Heurigen melancholische Lieder zum Wein singen, die sich bis zur Todtraurigkeit steigern können; sei es, dass gerade in Wien Sigmund Freud den Todestrieb entdeckt hat. Oder man denke an den unsterblichen Wiener Walzer von Johann Strauß. Aus der Angst vor Alter, Krankheit und Tod entstand eine Musik, komponiert für die Ewigkeit, in der neben Glückseligkeit auch Wehmut und Schmerz mitschwingen. Der Wiener kokettiert gerne mit seiner eigenen Beerdigung und schwärmt sentimental von seiner »schönen Leich'«.
Wien und der Tod, ein Liebesverhältnis, das besonders Anfang November, zu Allerheiligen und Allerseelen, gepflegt wird. Um der Toten zu gedenken, strömen Tausende Wiener nach Simmering (im 11. Gemeindebezirk), zu einem der größten Friedhöfe Europas.

Der Wiener Zentralfriedhof

Der Zentralfriedhof, von André Heller als »Aphrodisiakum für Nekrophile« verspottet, ist zugleich eines der größten Naherholungsgebiete der Stadt. Er wurde 1874 eröffnet und

beherbergt auf einer Fläche von fast 2,5 Quadratkilometern mehr als 300 000 Gräber, in denen drei Millionen Menschen bestattet sind. Wegen seiner zahlreichen Ehrengräber (u. a. für die Angehörigen der kaiserlichen Monarchie und für den Popsänger Falco), seiner schönen Jugendstilbauten und des riesigen Areals zählt er zu den berühmten Sehenswürdigkeiten der Stadt.
Ihrer Todessehnsucht frönen die Wiener gerne bei einem Spaziergang oder Familienausflug nach Simmering.
Sie tummeln sich an den Würstelständen vor den Friedhofstoren oder lauschen den Klängen der Musiker und Sänger von der Staatsoper am Rande der Gräber. Die Wiener lieben eben nicht nur das Leben, sondern auch die Kehrseite des Lebens – den Tod.

Wiener Begräbniszeremonie – die »schöne Leich'«

Sein inniges Verhältnis zum Tod und seine eigene Bedeutung demonstriert der Wiener ein letztes Mal durch eine aufwendige Begräbniszeremonie: die »schöne Leich'«.
Als Joseph II. im Jahr 1784 das Bestattungswesen reformierte, durften Tote nur noch außerhalb von Orten beigesetzt werden. Damals entstand der *Kondukt*, ein protokollarisch geregelter Trauerzug, der vom Haus des Verstorbenen zum entfernt gelegenen Friedhof stattfand. Per Hofdekret wurde eine 48-stündige Totenwache vorgeschrieben. Sie fand zu Hause oder in der Friedhofkapelle statt und sollte der Rettung Scheintoter dienen.
Die lange Totenwache war ein willkommener Anlass, um die Leiche öffentlich zur Schau zu stellen. Als das Bestattungswesen in der zweiten Hälfte des 19. Jahrhunderts privatisiert wurde, begannen die wohlhabenden Bürger in Wien, ihre

Beerdigung nach dem Vorbild barocker Hofkultur zu inszenieren. Die »Aufbahrungsklassen« reichten von »Leichnam 1. Klasse« (Prachtsarg unter Baldachin auf Katafalk, dekoriert mit vielen Kerzenständern, und mit Portier, der den Einlass der Trauergäste regelt) bis zu »Leiche 6. Klasse« (Aufbahrung im Hauseingang).

Mit einer prunkvollen Beisetzung, professionellen Grabrednern und opulentem Leichenschmaus erweisen die Wiener ihren Angehörigen (und damit auch sich selbst) eine letzte Aufwartung. Für die Ewigkeit ist dem Wiener nichts zu teuer. Bis heute spart man in Österreich jahrzehntelang, um sich seine »schöne Leich'« leisten zu können.

Weil man seinen Angehörigen, der Trauergemeinde, ja dem ganzen Wohnbezirk ein prunkvolles Fest bieten will, sind anonyme Bestattungen in Österreich sehr selten.

Unschöne Sitten – damals wie heute

Als die Wiener Bürger anfingen, mit der »schönen Leich'« die feudalen Begräbnisse des Adels zu kopieren, begann das Gewerbe der privaten Bestattungsunternehmer zu blühen. Bis dahin war die Kirche für die Bestattung der Toten zuständig gewesen.

1867 erhielt der Trauerwarenhändler Franz Grüll als Erster die Genehmigung, ein Bestattungsgewerbe auszuüben. Er gründete die *Entreprise des Pompes Funèbres.* Die noch heute in Wien übliche Bezeichnung *Pompfüneberer* (für Sarg- oder Leichenträger) geht auf die *Entreprise* zurück. Diese bekam schon bald Konkurrenz durch zwei weitere Bestattungsunternehmen, die *Pietät* und die *Concordia.* Weil das Bestattungsgewerbe damals als *freies* Gewerbe nicht von einer behördliche Konzession abhängig war, kämpften bald 90

Wiener Bestattungsunternehmen um die Leichen. Sobald die Firmen davon erfuhren, dass eine wohlhabende Person im Sterben lag, umlagerten ihre Agenten, die alle auf Provisionsbasis arbeiteten, wie die Aasgeier das Sterbehaus, um den begehrten Auftrag für eine lukrative Beerdigung zu ergattern. An Hausverwalter, Portiers und Dienstpersonal wurden saftige Prämien für die Vermittlung von Sterbefällen bezahlt (kommen uns diese Vorgänge nicht hinreichend bekannt vor?).

Weil die Bestattungsagenten gegen die guten Sitten verstießen und die meisten Bürger sich eine Beerdigung nicht mehr leisten konnten, wurde die Leichenbestattung auf privatwirtschaftlicher Basis untersagt. 1907 nahm die *gemeinnützige Städtische Bestattung* ihren Betrieb auf. Sie übernahm nicht nur die größten Bestattungsfirmen der Stadt, die *Entreprise des Pompes Funèbres* und die *Concordia*, sondern auch 90 kleinere Betriebe.

Heute gibt es in Österreich etwa 580 Bestattungsunternehmen, von denen rund 70 den Gemeinden gehören.

Unterschiede zu Deutschland

In Deutschland ist das Bestattungsgesetz durch die jeweiligen Bundesländer geregelt und wird durch die örtlich erlassene Friedhofsordnung nur umgesetzt. In Österreich hingegen erlassen die Friedhofsverwaltungen selbst die Friedhofsordnung. Die Verwaltung gehört entweder zur Kommune oder zu einer Glaubensgemeinschaft.

Erst in den letzten Jahren wurde das Bestattungswesen in Österreich dahingehend liberalisiert, dass jeder, der die Befähigung für ein Gewerbe erbringt, auch ein Bestattungsunternehmen eröffnen darf. Bis 2002 nämlich musste man erst

nachweisen, dass überhaupt ein örtlicher Bedarf für eine Bestatterfirma besteht, um eine Konzession zu erhalten. Der Gesetzgeber beschränkte den Zugang zum Bestattungsgewerbe, um den unschönen Konkurrenzkampf, wie er unter Bestattern üblich ist, zu unterbinden.
Seitdem die Bedarfsprüfung im Einzelfall und damit die Zugangsbeschränkung zum Markt weggefallen ist, sind große überregionale Firmen (schwarze Riesen) im Vorteil: Als kapitalkräftige Unternehmen unterbieten sie kleine Bestatterbetriebe und dumpen sie in den Ruin, so geschehen in Kärnten und in der Steiermark.

Skurriles im Wiener Bestattungsmuseum

In Wien befindet sich ein weltweit einzigartiges Museum für Bestattungskultur. 1967, zum 60-jährigen Firmenjubiläum der *Städtischen Bestattung* eröffnet, zeigt es über 600 kuriose Objekte und Dokumente rund um »die Leich'«.
Ein Kuriosum im Wiener Museum ist der sogenannte »Sparsarg«, verordnet 1785 von Kaiser Joseph II. Dabei handelt es sich um einen wiederverwendbaren Sarg, durch dessen Klappe an der Unterseite die Toten ins Grab fielen.
Die »geniale« Erfindung wurde jedoch von den Wiener Bürgern abgelehnt, und nach vielen Protesten nahm der Herrscher seine Verordnung wieder zurück.
Außerdem kann man einen »Rettungswecker« für Scheintote bewundern. Er stammt aus dem 19. Jahrhundert und wurde gestiftet von Johann Nepomuk Peter, dem Verwalter des niederösterreichischen Provinzialstrafhauses. Im Jahre 1828 kam der »Rettungswecker« auf dem alten Währinger Ortsfriedhof (18. Gemeindebezirk) zum Einsatz, und das funktionierte so:

Der Verstorbene wurde in der Friedhofskapelle aufgebahrt und eine Schnur an seinem Handgelenk befestigt. Diese führte durch Tonröhren in die Unterkunft des Totenwächters zu einem Weckapparat. Falls nun in der Kapelle ein Scheintoter »erwachte«, zog er durch seine Bewegungen an der Schnur und das Klingeln des »Rettungsweckers« alarmierte den eigens hierfür anwesenden Totenwächter. In dessen Wachraum stand alles intensivmedizinisch Notwendige für eine Wiederbelebung bereit. Im 19. Jahrhundert bedeutete dies: Schnellsieder und Zündhölzer, Wasser und Spiritus, Salmiakgeist und Essigäther als Riechmittel, aromatische Tinkturen und Teesorten, gestoßener Zucker und Senfmehl, feuriger Wein und Zwieback, Frottierbürsten und Wärmflaschen, Blutegel und Flanellmäntel, Klistierspritzen, Löffel, Messer und ein Schlafsessel.
Bei Verdacht auf Scheintod erfolgte eine »Lebensprobe«. Hierzu hielt man dem Verstorbenen eine Flaumfeder oder einen Spiegel vor dessen Mund und Nasenöffnung. Oder man tropfte ihm heißen Siegellack auf empfindliche Hautstellen.
Nach dem Modell des Währinger Weckers wurden in der Folgezeit viele ähnliche Weckvorrichtungen für die Wiener Friedhöfe konstruiert. Diese mechanischen Modelle wurden später durch elektrische Apparate ersetzt.
Die Installation der skurrilen Rettungswecker zeigt, wie groß damals die Angst der Menschen war, als Scheintote lebendig begraben zu werden. Selbstmörder wurden übrigens an den Weckapparat nicht angeschlossen.

Die Angst vor dem Scheintod

Gegen Ende des 19. Jahrhunderts soll der Anteil der Scheintoten unter den »echten« Toten bis zu zwei Prozent betragen haben. Die Angst vor dem Scheintod bestand damals nicht ganz zu Unrecht, denn bei der Feststellung des Todes mussten sich die Ärzte nur auf ihre Sinnesorgane verlassen.
In Zeiten großen Massensterbens, bei Epidemien und Seuchen, waren sie oft überfordert.
Heute, im Zeitalter der modernen Gerätemedizin, spricht man nicht mehr von »Scheintoten«, denn die Wiederbelebung »klinisch Toter« ist in der Intensivmedizin gang und gäbe.
Weil damals jedoch solche Zustände oft nicht erkannt wurden, bestimmten viele Menschen testamentarisch – nachdem ihr Tod offiziell feststand – ihre *erneute* »Tötung durch den Arzt«. Dieser stach ihnen dann ins Herz oder öffnete ihre Pulsadern. Ausgeführt werden durfte ein solcher Herzstich (mit Stilett) erst durch den dritten Arzt am Bett des Toten. Nachdem der behandelnde Arzt den Tod erstmalig festgestellt und der Amtsarzt diesen bestätigt hatte, vollzog ein dritter Arzt, natürlich gegen entsprechende Gebühr, den letzten Willen des Verstorbenen.

Diebstahlsaison an Allerheiligen

Besonders an Allerheiligen herrscht auf den Friedhöfen in Kärnten Hochsaison für Diebe. Wie geschädigte Grabbesitzer beklagen, räumen Diebe ihre schön geschmückten Gräber ab und nehmen alles mit, was die Angehörigen ans Grab gebracht haben.
Unangenehm ist dies auch für die beauftragten Gärtner, die

gegenüber ihren Kunden in Erklärungsnot geraten, wenn der bezahlte Blumenschmuck und die Dekoration beim Besuch des Grabes fehlen. Deshalb schauen die Friedhofsgärtner in Villach gerade zu Allerheiligen nach dem Rechten. Auf dem Waldfriedhof in Villach sind nämlich viele der 9000 Grabstätten versteckt hinter Bäumen und Hecken.
Weil sich Diebe dadurch unbeobachtet fühlen, stehlen sie natürlich um so leichter. Zudem ist der Villacher Waldfriedhof, wie manch anderer Friedhof, Tag und Nacht zugänglich. Wegen der vielen Diebstähle sah sich die Villacher Friedhofsverwaltung gezwungen, ihr Personal eigens für den richtigen »Umgang mit Diebstahlssituationen« zu schulen. Dass es sich bei den Dieben nicht um Profis handelt, ist leicht zu erkennen: Die entwendeten Gestecke und Kerzen erscheinen häufig auf anderen Grabstätten. Die Grabbesitzer bestehlen sich also gegenseitig. Mit ein Grund, warum selten Anzeige erstattet wird. Auch ist vielen Geschädigten der Weg zur Polizei zu mühsam, zumal Diebstähle auf Friedhöfen ohnehin schwer zu beweisen sind.

Bestattungsarten

Unter den acht Millionen Einwohnern Österreichs beträgt die Sterblichkeitsrate, ähnlich wie in Deutschland, knapp ein Prozent, zurzeit etwa 75 000 Todesfälle pro Jahr.
Folgende Bestattungen sind möglich: *Erdbestattung* (Inhumation), *Feuerbestattung* (Kremation), *Seebestattung*, *Weltraumbestattung* und *Diamantbestattung*.
Die Erdbestattung (Beisetzung in Grab oder Gruft) wird im überwiegend katholischen Österreich am häufigsten gewählt. Der Anteil der Feuerbestattungen beträgt rund 22 Prozent. Hierfür stehen 10 Krematorien zur Verfügung. Im Gegensatz

zu Deutschland kann die Urne – mit besonderer Genehmigung der Behörden – im eigenen Garten beigesetzt werden. Auch Wiesen-, Baum-, Fels- und neuerdings sogar Wildbachbestattung sind mit der Asche anschließend möglich.
Die Seebestattung besteht zunächst aus einer Feuerbestattung, also der Einäscherung der Leiche, und anschließender Beisetzung in einer speziellen Seeurne im Meer.
Um diese Bestattungsform zu wählen, müssen jedoch den österreichischen Behörden plausible Gründe genannt werden, warum der Verstorbene unbedingt seebestattet werden will (möglicher Grund: eine tiefe Verbundenheit mit dem Meer als ehemaliger Matrose). Wer eine Seebestattung wünscht, sollte dies detailliert (z. B. welches Meer?) in seinem Testament festhalten.
Die Weltraumbestattung ist sehr selten, sehr teuer und wird nur von wenigen Firmen angeboten. Ein kleiner Teil der Asche wird in einer Hülse, etwa von der Größe eines Lippenstifts, per Satellit in die Erdumlaufbahn geschossen, umkreist ein paar Jahre die Erdumlaufbahn, bevor die Hülse beim Wiedereintritt in die Erdatmosphäre verglüht. Der überwiegende Teil der Asche wird erdbestattet.
Am exotischsten ist wohl die Diamantbestattung. Hier wird ein wenig Asche des Verstorbenen zum synthetisch hergestellten Diamanten gepresst. Die Restasche wird erdbestattet. Den Diamanten kann man anschließend als Schmuckstück tragen.

So schützen Sie sich vor unseriösen Bestattern

Ratschläge für Angehörige

Auswahl des Bestatters

- Vermeiden Sie Filialisten, also Ketten- und Großbetriebe. Wenden Sie sich lieber an einen Familienbetrieb. Diese sind meist freundlicher, durch die jahrelange Erfahrung kompetenter und als Ortsansässige, die einen Ruf zu verlieren haben, in ihrem Gewinnstreben eher etwas zurückhaltender.
- Sehen Sie sich den Bestatter, wenn sie ihn zum ersten Mal aufsuchen, im Hinblick auf sein äußeres Erscheinungsbild genau an. Denken Sie daran, wer sich alles in dieser Branche tummelt. Aus mangelnder Körperpflege, schmuddeliger Kleidung oder fettigen Haaren lassen sich durchaus Rückschlüsse auf seine Sorgfalt bei der späteren Behandlung des Verstorbenen ziehen. Werfen Sie ruhig auch mal einen Blick in seinen Leichenwagen.
- Auch die Wahl des Wortschatzes sagt viel über das Naturell eines Bestatters aus. Wer Begriffe wie Leiche und Leichenwagen (statt Überführungsfahrzeug) in Gegenwart von Angehörigen verwendet, zeigt, dass er über wenig Einfühlungsvermögen verfügt. Seriöse Bestatter sprechen über den Verstorbenen stets als »Ihren Vater / Ihre Mutter / Ihre Schwester …«
- Was für den Bestatter gilt, gilt auch für dessen Mitarbeiter, die mit ihm den Verstorbenen überführen und herrichten.

Wenn Ihnen der Bestatter samt Gehilfen nicht zusagt, wechseln Sie. Sie haben immer noch genügend Zeit, einen anderen Bestatter zu beauftragen, notfalls sogar in einer anderen Stadt. Es existiert nämlich in der Bestattungsbranche kein Gebietsschutz, auch wenn viele Leute das glauben. Jeder Bestatter kann theoretisch auf allen Friedhöfen tätig werden, wo er will. Bei zu großen Entfernungen wird das natürlich zu einer Kostenfrage.

Überführung des Verstorbenen

- Bleiben Sie beim Abholen des Verstorbenen zu Hause dabei. Falls Sie nicht im gleichen Zimmer anwesend sein wollen, lassen Sie zumindest die Tür offen und halten Sie sich in der Nähe auf.
- Wird Ihr Verstorbener aus einer Pathologie abgeholt, sollten Sie mit dem Bestatter vereinbaren, dass Sie dort anwesend sind. Sie brauchen dazu nicht im Leichenwagen des Bestatters mitzufahren, sondern können im eigenen Wagen hinkommen.
- Sollten Sie hierzu aus psychischen Gründen nicht in der Lage sein, beauftragen Sie eine Person Ihres Vertrauens, die zu dem Verstorbenen ein nicht ganz so enges Verhältnis hatte. Nur so können Sie sicher sein, dass Ihr verstorbenes Familienmitglied behandelt wird, wie es der Respekt vor einem toten Menschen gebietet.
- Wird Ihr Verstorbener vom Krankenhaus oder Seniorenstift überführt, weisen Sie schon vor der Abholung telefonisch das Pflegepersonal auf eventuell vorhandene Wertsachen hin und lassen Sie diese wegschließen. Am besten ist, Sie holen sie selbst ab oder lassen sie sich schicken. Keinesfalls sollten sie dem Bestatter mitgegeben werden.

- Geben Sie keinen teuren Schmuck und erst recht kein Geld mit in den Sarg.

Sargauswahl

- Unseriöse Bestatter erkennen Sie daran, dass sie Ihnen ein bestimmtes Sargmodell schmackhaft machen wollen. Aber Geschmäcker sind bekanntlich verschieden. Seriöse Bestatter lassen Sie den Sarg ganz allein in Ruhe aussuchen, denn Sie müssen ja nachher für die Kosten aufkommen.
- Um bei teuren Särgen zu verhindern, dass diese vor der Beerdigung durch ein billiges Duplikat ausgetauscht werden, sollten Sie den Bestatter beauftragen, ein Namensschild des Verstorbenen am Sarg anzubringen.
- Haben Sie sich für einen Eichensarg entschieden, können Sie eventuell einen Gewichtstest machen, indem Sie den Sarg an einem Ende kurz anheben. Der Gewichtsunterschied ist so gewaltig, dass Sie den Schwindel bemerken würden.
- Generell zu empfehlen sind die kostengünstigen, leichten und schmuckvoll verzierten Pappelsärge.

Kontrolle von Kleidung und Sarggarnitur

- Haben Sie eine geschlossene Einsargung des Verstorbenen in Auftrag gegeben, bestehen Sie darauf, dass der Bestatter vor Verschließen des Deckels ein Foto macht, auf dem Sie die vereinbarte Kleidung, Kissen und Decke erkennen können. Nur so können Sie sicher sein, dass das, was man Ihnen nachher berechnet, auch tatsächlich verwendet wurde.

- Alternativ können Sie natürlich auch darauf bestehen, beim Ankleiden des Verstorbenen selbst anwesend zu sein (wozu sich die meisten Trauernden allerdings kaum in der Lage sehen) oder den Bestatter anweisen, den Sargdeckel erst in Ihrem Beisein zu verschließen. So haben Sie die beste Kontrolle.
- Natürlich kann der Bestatter trotzdem anschließend wieder Leichenhemd und Garnitur austauschen oder weglassen. Deshalb im Zweifelsfall: Genieren Sie sich nicht, den Bestatter bis kurz vor Beginn der Trauerfeier den Sarg noch einmal öffnen zu lassen, um einen abschließenden Blick auf Sarginhalt und Verstorbenen zu werfen. Der muss dem nämlich Folge leisten. Geht nicht mehr gibt's nicht! Der Sargdeckel lässt sich mittels leicht drehbarer Schraubverschlüsse in einer Minute öffnen.

Feuerbestattung

- Wählen Sie bei einer Feuerbestattung immer nur einen einfachen Verbrennersarg aus, auch wenn Sie Ihrem geliebten Verstorbenen eine noch so schöne Trauerfeier bereiten möchten. Sie können davon ausgehen, dass jedes höherwertigere Sargmodell vor der Fahrt ins Krematorium ausgetauscht würde.
- Verlangen Sie vom Bestatter Auskunft darüber, ob er die Fahrt zum Krematorium selbst durchführt oder auf einen günstigen Sammeltransport zurückgreift. Entsprechend sollten Sie auch nur für die tatsächlich entstandenen Fahrtkosten aufkommen.
- Falls die Asche Ihres Verstorbenen anonym beigesetzt wird, benötigen Sie eigentlich keine Urne (auch Überurne genannt), sondern es genügt die bloße Aschenkapsel. Keine

Trauerfeier und keine Zeremonie, also auch keine schmuckvolle und teure Urne.

Kosten der Bestattung

- Fragen Sie den Bestatter nach einer Preisliste oder achten Sie darauf, ob Särge und Urnen mit Preisschildern ausgezeichnet sind.
- Macht der Bestatter zu Beginn des Gesprächs (bevor er über Ihre Finanzsituation, Versicherungsgelder, Bankkonten usw. informiert ist) keine festen Preisangaben, ist dies ein Hinweis auf mangelnde Seriosität.
- Scheuen Sie sich nicht, mit dem Bestatter schon beim Trauergespräch knallhart über die Kosten der Bestattung zu verhandeln. Dieses sogenannte »Trauergespräch« ist nämlich in Wirklichkeit ein Verkaufsgespräch über eine Dienstleistung.
- Lassen Sie sich die Kosten der einzelnen Aufstellungen genau ausrechnen und schriftlich bestätigen. Das ist keineswegs pietätlos. Vergessen Sie nicht, dass auch die Kosten für die Grabplatte oder den Grabstein mit hohen Beträgen zu Buche schlagen.
- Sagen Sie nicht zu allem Ja und Amen, sonst erleben Sie einige Wochen später, wenn die Rechnung kommt, eine böse Überraschung. Doch dann ist es meistens zu spät. Wenn Sie aus emotionalen Gründen dazu nicht in der Verfassung oder ohnehin kein guter Verhandler sind, bringen Sie eine geeignete Person mit. Diese muss nicht unbedingt zum nahestehenden Trauerkreis gehören. Falls Ihnen das zu viel Aufwand erscheint, denken Sie daran, dass die Kosten eines Sterbefalls leicht die Höhe eines Neuwagenkaufes erreichen können.

- Wenn Ihnen die Gesamtkosten der einzelnen Posten zu hoch erscheinen, fragen Sie nach einem günstigen Pauschalpreis für die Bestattung und bieten Sie notfalls an, einige Punkte selbst zu erledigen. Für viele Formalitäten haben Sie nämlich noch Wochen nach der Beerdigung genügend Zeit, wenn Sie wieder die Kraft haben, sich damit zu befassen.
- Die Kosten für das Leichenhemd können Sie sparen, wenn Sie stattdessen dem Bestatter Privatkleidung des Verstorbenen mitgeben. Wählen Sie jedoch Kleidung aus, die aus möglichst wenigen Einzelteilen besteht, da sonst das Ankleiden umso länger dauert und entsprechend teurer ausfällt (auch ein Trainingsanzug könnte infrage kommen).
- Entsprechend können Sie natürlich auch die Sarggarnitur, bestehend aus Decke und Kissen, selbst beisteuern. Nur keine falsche Scheu – was zu Lebzeiten für den Verstorbenen gut genug war, kann im Tod ja wohl nicht zu schlecht sein.
- Wenn Sie und ein weiterer Angehöriger es sich zutrauen, können Sie das Einsargen des Toten (Versorgung, Anziehen und Herrichten) sogar selbst übernehmen. Sollte der Bestatter dabei stutzig werden, argumentieren Sie einfach, dass Sie dem Verstorbenen diese letzte Ehre unbedingt selbst schuldig sind.
- Wenn Sie ganz knapp bei Kasse sind, fragen Sie den Bestatter nach den billigen Verbrennersargmodellen (ca. 600 Euro). Diese sind zwar keine Augenweide, weil sie nur zur Überführung ins Krematorium gedacht sind, erfüllen ihren Zweck aber letzten Endes genauso. Der Bestatter wird nicht gerne damit herausrücken, weil seine Verdienstspanne dabei gering ist. Argumentieren Sie, dass bei einer Feuerbestattung ja auch nur diese Verwendung finden würden.
- Beauftragen Sie nicht den Bestatter damit, sich um einen Floristen für die Trauerfeier zu kümmern, und folgen Sie

diesbezüglich auch nicht unbedingt seinen Empfehlungen, sondern wählen Sie selbst ein Blumenhaus aus, das Ihnen geeignet erscheint. Ihre Rechnung wird dadurch niedriger werden.

- Geben Sie die Trauerdrucksachen nicht über den Bestatter in Auftrag. Seine Vermittlungsprovision wird auf den Preis aufgeschlagen. Außerdem ist eine Dankesannonce in der Zeitung günstiger als die Druckkosten und das Porto für Dutzende einzelner Danksagungen.
- Erwähnen Sie bei Ihren Besorgungen im Blumenhaus, bei der Anzeigenannahme der Tageszeitung oder in der Druckerei auf keinen Fall den Namen des Bestattungshauses. Falls Sie danach gefragt werden, will man das höchstwahrscheinlich wissen, um zu entscheiden, wem ggf. eine Provision für den Auftrag zusteht. Diese Provision schlägt man natürlich auf Ihre Rechnung auf.
- Blumengestecke sind generell günstiger als Kränze (der Kranz gilt als Symbol für Anfang und Ende im ewigen Kreislauf).
- Falls der Bestatter in der Verhandlung mit Ihnen (Trauergespräch) auf stur schaltet, sagen Sie ruhig, dass Sie sich andernfalls an einen preiswerteren Kollegen von ihm wenden werden. Bestatter können alles ertragen, nur nicht, einen Kunden an die Konkurrenz zu verlieren, noch dazu in derselben Stadt. So etwas macht sie für Monate zum Gespött auf dem Friedhof. Man kennt sich ja untereinander.
- Im Süden Deutschlands besteht auch die Möglichkeit auf kommunale Bestattungsfirmen zurückzugreifen. Solche Einrichtungen, wie beispielsweise der Städtische Bestattungsdienst in München, arbeiten nicht gewinnorientiert und sind für die privaten Anbieter eine starke Konkurrenz. Kommunale Bestatter gibt es auch in Nürnberg, Stuttgart und Mannheim.

Sargträgerdienst

- Fragen Sie den Bestatter, ob er für die Beisetzung einen externen Sargträgerdienst beauftragt oder eigene Sargträger einsetzt, meistens Rentner aus seinem Bekanntenkreis. Besonders bei Beerdigungen, an denen nur vier statt sechs Träger benötigt werden, ist dies möglich. Zwei bis drei eigene Mitarbeiter hat der Bestatter sowieso, und einen vierten findet er noch leicht hinzu. Das erspart Ihnen nämlich Kosten. Für die eigenen Sargträger berechnet der Bestatter deren Pauschale und einen kleinen Zuschlag für sich, insgesamt etwa 30 Euro pro Träger. Beim firmenfremden Sargträgerdienst bezahlen Sie gleich das Doppelte.
- Am günstigsten wird es für Sie natürlich, wenn Sie eigene Sargträger mitbringen. Besonders in ländlichen Orten übernehmen es häufig Nachbarn und Freunde, den Toten zu Grabe zu tragen. Je nach Gewicht des Verstorbenen und des Sarges (schwerer Eichensarg) benötigen Sie dazu vier bis sechs Personen.
- Der Bestatter wird diesem Wunsch häufig mit dem Einwand begegnen, es sei aus versicherungs-technischen Gründen nicht erlaubt, dass fremde Personen auf dem Friedhof zu Werke gehen. Entweder will er selbst an den Trägern verdienen oder dem Sargträgerdienst den Auftrag sichern. Lassen Sie sich nicht für dumm verkaufen. Da die Trauergäste ohnehin auf dem Friedhof zum Grab gehen, dürfen sie selbstverständlich auch den Sargwagen ziehen und den Sarg ins Grab lassen.
- Falls ein Ablassgerät verwendet wird, benötigt man zwar eine Person, die sich mit der Technik auskennt, aber diese ist schnell erlernt. Außerdem fallen dann nur Kosten für eine Person an.

Grabpflege

- Wenn Sie die Pflege des Grabes nicht selbst übernehmen wollen, bietet es sich an, die zunächst etwas teurere Lösung zu wählen und das Grab mit einer Steinplatte zu überdecken. Dadurch ersparen Sie sich jahrzehntelang die Kosten für Einpflanzungen, Blumenerde und Pflege.
- Falls Sie jemand anderen mit der Grabpflege beauftragen wollen, fragen Sie zunächst eine/n Bekannte/n Ihres Vertrauens. An zweiter Stelle schließen Sie noch eher einen offiziellen Grabpflegevertrag mit einer örtlichen Gärtnerei ab. Meiden Sie die örtliche Grabpflegerin, die dies »günstiger« und »auf privater Basis« anbietet.

Rechnungsstellung

- Im Kostenvoranschlag wie auf der Rechnung sollte erkennbar zwischen Fremdleistungen und Eigenleistungen des Bestatters unterschieden werden.
- Akzeptieren Sie Pauschalbeträge auf der Rechnung des Bestatters nur, wenn Sie diese bei Auftragserteilung so vereinbart haben. Ansonsten lassen Sie sich die Rechnungsbeträge so lange in detaillierte Einzelposten aufschlüsseln, bis Sie diese vollständig verstehen können.
- Achten Sie besonders auf die Fremdkosten, die der Bestatter für Sie vorlegt. Die Rechnungen der Zulieferfirmen sollten in Kopie beigefügt sein. Häufig werden sie nur mit dem Nettobetrag aufgeführt und zum Schluss – zusammen mit den Eigenleistungen des Bestatters – mit 19 Prozent Mehrwertsteuer belastet. Die Kosten für Blumen und Kränze unterliegen jedoch nur dem ermäßigten Mehrwertsteuersatz von 7 Prozent. Der Bestatter verein-

nahmt also 12 Prozent an zusätzlicher Steuer zu Ihren Lasten.

- Bevollmächtigen Sie den Bestatter nicht mit der Einforderung Ihnen zustehender Gelder und Versicherungsleistungen, womöglich noch auf sein Konto. Kümmern Sie sich lieber selbst um den Papierkram.

Vorsorge

- Seien Sie darauf gefasst, dass der Bestatter Sie als Angehörigen zu einem eigenen Vorsorgevertrag überreden will.
- Händigen Sie dem Bestatter kein Sparbuch aus, das die Kosten Ihrer Beerdigung decken soll. Auch dann nicht, wenn Sie rechtlich Eigentümer bleiben und der Bestatter nur im Todesfall mit einer Sterbeurkunde an Ihr Geld bei der Bank kommt. Sie können nie sicher sein, ob der Restbetrag nach Abzug der Bestattungskosten tatsächlich an die Hinterbliebenen ausgezahlt wird und die Bestattung nicht alles »aufgezehrt« hat.
- Schließen Sie keine Sterbegeldversicherung ab, schon gar nicht durch Vermittlung des Bestatters. Zum einen bezahlen Sie die Vermittlungsprovision des Bestatters indirekt mit, zum anderen lohnt sich die Anlage nicht. Sie können den gleichen Effekt erzielen, wenn Sie Ihr Geld direkt bei einer Bank anlegen. Falls Sie sich unbedingt versichern wollen, wählen Sie nur eine Risiko-Lebensversicherung.
- Auf Vorsorgeverträge brauchen Sie keine Anzahlung zu leisten, auch wenn gerade ältere Menschen dies tun, aus Angst, später könnte nicht mehr genügend Geld für ihre Beerdigung vorhanden sein. Deshalb: Schließen Sie keinen Vorsorgevertrag ab, bei dem eine Anzahlung von Ihnen verlangt wird. Es besteht kein Grund, dass der Bestatter mit

Ihrem Geld bis zu Ihrem Tod arbeitet und die Zinsen dafür einstreicht. Außerdem riskieren Sie, dass der Bestatter die Gelder bis zu Ihrem Todesfall anderweitig investiert und dabei Schiffbruch erleidet oder mit seiner Bestattungsfirma selbst in Insolvenz gerät. Ihr Geld wäre dann weg.

- Ein Problem bei Vorsorgeverträgen liegt darin, dass zur Zeit des Abschlusses Preiserhöhungen beim Bestatter nicht vorherzusehen sind. Auch bei den beauftragten Fremdfirmen und durch Gebührenerhöhungen von Gemeinden oder Kirchen können Mehrkosten entstehen. Soweit es um die bloße Weitergabe von Fremdleistungen geht, deren Preis der Bestatter nicht beeinflusst, kann er grundsätzlich die Kosten in Rechnung stellen, die zum Zeitpunkt der Beisetzung entstehen, und dies auch vertraglich so festsetzen. Nicht gerechtfertigt sind jedoch Klauseln, die pauschale Ansprüche auf Preiserhöhungen festlegen, was bei sehr vielen Vorsorgeverträgen der Fall ist. Nach der Rechtsprechung des Bundesgerichthofes räumen sich Bestatter mit solchen Klauseln ein beliebiges Preisänderungsrecht ein. Der Vertragschließende muss jedoch das Ausmaß der auf ihn zukommenden Preissteigerungen erkennen können.
- Wenn Sie die finanzielle Vorsorge für Ihren Todesfall unbedingt außerhalb Ihres persönlichen Umfeldes treffen wollen, bietet sich allenfalls eine Einzahlung auf ein Konto bei der Deutschen Bestattungsvorsorge Treuhand AG in Düsseldorf an (Adresse siehe Anhang). Hier unterliegt Ihr Geld zwar auch nur einer äußerst geringen Verzinsung, die Gefahr des Abhandenkommens durch einen unseriösen Bestatter besteht dabei allerdings nicht. Im Todesfall wird die Summe an den Bestatter für die gewünschte Beerdigung überwiesen.

Service des Bestatters

Fordern Sie Ihren Bestatter, was den Service und die Dienstleistung angeht. Nur einen Sarg verkaufen und Tote transportieren können viele, dazu braucht es noch keinen Bestatter. Ein guter Bestatter zeichnet sich dadurch aus, dass er so viel Organisatorisches für Sie übernimmt wie möglich. Er versucht nicht, ein gutes Geschäft zu machen, in dem er Sie zu einem besonders schicken und teuren Sargmodell überredet, sondern vertraut darauf, dass seine Kompetenz und Seriosität für sich sprechen und ihm langfristig den gewünschten Geschäftserfolg bringen.

Zu guter Letzt

Verschwenden Sie, auch wenn Sie es sich leisten könnten, nicht zu viel Geld für einen Todesfall aus falsch verstandener Pietät. Die Höhe der Kosten einer Bestattung ist kein Maß für die Trauer um den Verstorbenen. Sicher – Sarg, Leichenhemd und Garnitur mit Decke und Kissen können schon sein, aber alles hat seine Grenzen. Es muss nicht die hochfeine Seide beim Leichenhemd und nicht der stilvolle Nussbaumsarg für Tausende von Euro sein. Die Sachen stehen für maximal fünf Tage in der Leichenhalle (wenn auf dem Friedhof Hochkonjunktur herrscht), danach sind sie unter der Erde. Der Verstorbene hat nichts mehr davon, und wem von den Trauergästen möchten Sie imponieren?

Geben Sie Ihr Geld lieber für die Lebenden aus. Es liegt in der menschlichen Natur, dass man einer geliebten Person zum Abschied noch etwas Gutes tun will und deshalb eher zu den teuren Stücken im Ausstellungsraum des Bestatters greift, vielleicht auch, weil man glaubt, es werde von einem erwartet. Nur, auch wenn Sie es nicht gerne hören: Sie können dem Verstorbenen nichts Gutes mehr tun. Der Einzige, dem Sie damit etwas Gutes tun – ist der Bestatter.

Tipps zur Bestattung

Maßnahmen im Sterbefall

Sterbefall zu Hause

- Einen Arzt rufen (Haus-, Bereitschafts- oder Notarzt), der den Tod offiziell feststellt und die amtliche Todesbescheinigung ausfüllt (ohne Todesbescheinigung darf ein Bestatter nicht tätig werden),
- auf Wunsch einen Pastor für die Aussegnung hinzurufen,
- erste telefonische Kontaktaufnahme mit einem Bestattungsinstitut.

Sterbefall im Krankenhaus oder Altersheim

- Ärztliche Todesbescheinigung abholen,
- am nächsten Werktag Beurkundung des Sterbefalls auf dem Standesamt des Sterbeortes und Ausstellung der gebührenpflichtigen Sterbeurkunden für verschiedene Institutionen,
- Urkunden für Kranken-, Rentenversicherung, Pfarrer und Friedhofsamt sind gratis.
- In Bayern und Baden-Württemberg wird das zuständige Nachlassgericht von Amts wegen benachrichtigt.

Die Papiere des Verstorbenen

- Personalausweis (oder Reisepass),
- Geburtsurkunde bei Ledigen,
- Heiratsurkunde oder Familienstammbuch bei Verheirateten,
- zusätzlich Sterbeurkunde des Ehegatten/ der Ehegattin bei Verwitweten,
- zusätzlich Scheidungsurkunde (mit Datum der Rechtskraft) bei Geschiedenen,
- Krankenversicherungskarte,
- Rentennummer (17-stellig) oder jährlicher Rentenanpassungsbescheid,
- Unterlagen von Lebens-/ Unfallversicherung,
- Mitgliedsnachweise von Vereinen, Verbänden, Kammern usw.,
- Graburkunde bei bereits vorhandenem Familiengrab.

Zwischen Sterbefall und Bestattungstermin

- Fehlende Unterlagen vervollständigen,
- Bestattungsart (Erd- oder Feuerbestattung) und Ort der Beisetzung festlegen,
- in Abstimmung mit Friedhofsamt und Pfarrer Beisetzungstermin festlegen,
- Sarg (Urne), Zubehör und Ausstattung beim Bestatter auswählen,
- Gestaltung und Ablauf der Trauerfeier im Detail festlegen,
- Trauergespräch mit dem Pfarrer/Redner über den Verstorbenen führen,
- ggf. Genehmigung zur Beisetzung beim Standesamt des

Beisetzungsortes einholen (notwendig bei Bestattung in anderem Bundesland),

- bei Feuerbestattung die gesetzlich vorgeschriebene amtsärztliche Untersuchung (2. Leichenschau) veranlassen,
- Grabstätte auf Friedhof aussuchen oder Nutzungsdauer eines vorhandenen Grabes verlängern,
- vorhandenes Grabdenkmal oder Grabplatte vom Steinmetzbetrieb entfernen lassen,
- Trauerdrucksachen/Todesannonce formulieren und in Auftrag geben,
- Blumen, Bouquets/Kränze bestellen,
- ggf. Beauftragung eines Sargträgerdienstes,
- Anreise- und Unterbringungsmöglichkeiten für entfernte Trauergäste organisieren,
- Kaffeetafel in einer Gaststätte reservieren (Leichenschmaus),
- ggf. dem Arbeitgeber des Verstorbenen den Sterbefall sowie Beisetzungstermin und Ort mitteilen.

Nach der Bestattung

- Danksagungen/-annonce formulieren und in Auftrag geben,
- Auszahlung von Leistungen bei Krankenkasse, Lebens-, Unfallversicherung, Berufsgenossenschaft, betrieblichen Pensionskassen, Zusatzversorgungskassen und Verbänden beantragen (Sterbegeld der gesetzlichen Krankenkasse wurde mit Wirkung vom 1. Januar 2004 ersatzlos gestrichen!),
- Benachrichtigung des Rententrägers über den Sterbefall (Formular auf Postamt erhältlich); ggf. Witwen-, Witwer- oder Waisenrente beantragen (innerhalb eines Monats

nach Eintritt des Todes); ggf. Vorschusszahlung für Hinterbliebene beantragen (innerhalb von 20 Tagen),

- Fortsetzung des Versicherungsschutzes für Hinterbliebene bei der Krankenkasse beantragen (innerhalb eines Monats),
- Testamentseinreichung beim Notar oder Amtsgericht,
- Erbschein beim Nachlassgericht beantragen, Annahme oder Ausschlagung der Erbschaft (6-Wochen-Frist),
- Auflösen oder Ändern von Bankverbindungen; Stornieren von Daueraufträgen,
- Kündigung von Mietverträgen bzw. Mieteintrittsrecht für Familienmitglieder beantragen,
- Ab- oder Ummeldung von Fahrzeugen, Stadtwerken, GEZ, Telefon, Internet, sonstigen Versicherungen, Abonnements,
- Kündigung der Mitgliedschaft in Gewerkschaft, Parteien, Vereinen, Verbänden, Klubs,
- ggf. Haushaltsauflösung vornehmen,
- Grabdenkmal/Grabplatte oder neue Beschriftung beim Steinmetz in Auftrag geben.

Art der Bestattung

Man unterscheidet Erdbestattung (Steingrabbestattung) und Feuerbestattung. Selten ist die Seebestattung und neuerdings auch Baumbestattung (naturnahe Bestattung). Sogar Sonderbestattungen wie Weltraumbestattung sind möglich. Entscheidend ist zunächst der Wille des Verstorbenen. Ist dieser nicht bekannt, kann der nächste Angehörige die Art der Bestattung bestimmen. Allerdings muss bei Feuerbestattungen in einigen Bundesländern der Angehörige an Eides statt versichern, dass die Feuerbestattung ausdrücklicher Wunsch des Verstorbenen ist.

Ort der Bestattung

Der Bestattungsort kann nur sehr eingeschränkt gewählt werden. Auch hier geht es zunächst nach dem Willen des Verstorbenen. Infrage kommen:

- letzter Wohnort,
- Geburtsort,
- Ort einer Familiengrabstätte,
- Wohnort des nächsten Angehörigen.

Grabarten

Der »Kauf« eines Grabes ermöglicht lediglich die Nutzung für einen bestimmten Zeitraum (7–40 Jahre). Je nach Stadt und Gemeinde sind bundesweit unterschiedliche Laufzeiten (Ruhefristen, Nutzungsrechte) für Gräber möglich:

- Reihen-(Einzel-)grab: nur für eine Person; durchschnittlich 20 Jahre Laufzeit; kein Einfluss auf die Lage; billigste Variante (mit Ausnahme des Anonymen Grabes),
- Wahlgrab für mehrere Personen; durchschnittlich 30 Jahre Laufzeit plus Option; zu unterscheiden sind Rabatten-, Tiefen- und Familiengräber (auch für Urnen); Lage und Größe können weitgehend selbst bestimmt werden; wesentlich teurer als Reihengrab,
- Urnen-Wahlgrab, bis zu 4 Urnen, durchschnittlich 30 Jahre Laufzeit,
- Urnensäulen (Stelen, Wandgrab, Kolumbarium); Grabpflege entfällt,
- Anonymes Grab; nur die Friedhofsverwaltung kennt die genaue Lage der Grabstelle; Grabpflege entfällt; billigste Variante,
- Friedwald (Friedpark, Urnenhain); neue Form der Bestat-

tung; Beisetzung der Urne am Fuß eines Baumes; Käufer des Baumes erhält Urkunde mit Baumkoordinaten (Baumregister); Baum ist markiert; Grabpflege entfällt bzw. übernimmt die Natur.

Kosten einer Bestattung

Eigenleistungen des Bestatters

- Dienstleistungspauschale, Erledigung der Formalitäten,
- Überführung und hygienische Versorgung (Anziehen, Herrichten, Schminken),
- Sarg oder Urne,
- Leichenhemd, Kissen, Decke,
- provisorisches Grabkreuz,
- Fahrtkosten,
- Fotokosten,
- ggf. Kosten für eigene Aufbewahrungsstätte beim Bestatter (in einigen Städten erlaubt).

Fremdleistungen

- Blumen, Kränze/Gestecke und Sargbouquet für die Trauerfeier,
- Wurfsträuße/Streublumen am Grab,
- Todesanzeigen, Danksagungen, Trauerdrucksachen, Sargträgerdienst,
- Trauerredner, Küster,
- Organist, Musik,
- ggf. Fotograf,
- Grabstein(-platte) und Beschriftung,
- Grabbepflanzung,
- Grabpflege.

Nebenkosten

- Trauerkleidung,
- Bewirtung und Unterbringung der Trauergäste.

Amtliche Gebühren

- Ärztliche Leichenschau,
- Beurkundung,
- Grabplatzgebühr (für Grabherstellung und Einebnen),
- Benutzungsgebühr für Leichenhalle, Kühlzellen und Abhalten der Trauerfeier,
- Beisetzungsgebühr,
- ggf. Grabmalgenehmigungsgebühr,
- Grabnutzungsgebühr (Grabmiete),
- Grabnachkaufgebühr (Verlängerungsantrag per Option),
- ggf. Einäscherungsgenehmigungsgebühr.

Literatur- und Quellenverzeichnis

Beiträge in Fernsehen und Hörfunk

»Der Schwarze Riese« – Reportage über die Bestattungsmafia, NDR 1997

»Deutschland, ein Paradies für Mörder«, Sendung zu Leichenschau, Sektion und Gerichtsmedizin, in: »Abenteuer Wissen« mit Wolf von Lojewski, ZDF (vom 2.7.2003)

»Müll im Sarg«, Bericht in: »aktuelle Stunde«, Westdeutscher Rundfunk – Düsseldorf, (vom 3.9.2005)

»Leben für den Tod – Traumjob Bestatter«, in: »Die große Reportage«, RTL (vom 23.10.2005)

»Mein Traumberuf – Bestatter«, in: »37 Grad«, ZDF (vom 1.11.2005)

»Die Leichenschänder: Der Fotobeweis – Wie Bestatter Tote missbrauchen«, in: »Akte 05/46«, SAT 1 (vom 17.11.2005)

»Trauerspiel – Stadt Hannover räumt versehentlich Familiengrab ab«, in: »Aktuelle Schaubude«, NDR (vom 25.11. 2005)

»Tote haben keine Lobby: Teil I – Der Elektriker«, ARD (vom 9.1.2006)

»Tote haben keine Lobby: Teil II – Die Altenpflegerin«, ARD (vom 11.1.2006)

»Der Todesengel von Sonthofen«, in: »Der Fall«, ZDF (vom 1.2.2006)

»Die Todesengel: Wenn Pfleger morden«, ARD (vom 9.2. 2006)

»Ein todsicheres Geschäft – Wie das Bestattergewerbe um Kundschaft kämpft«, in: »Süddeutsche TV«, VOX (vom 17.4.2006)
»Heute um Fünf«, Südwestfunk Rheinland-Pfalz (vom 20.4.2006)

Quellen im Internet

(Da die Websites in je nach Betreiber unterschiedlichen Abständen aktualisiert werden, kann nicht in allen Fällen davon ausgegangen werden, dass die entsprechenden Einträge bzw. Links nach wie vor gültig sind. Der Redlichkeit halber werden sie aber dennoch hier aufgeführt, um die Quellen nachzuweisen, die für die Recherche zu diesem Buch herangezogen wurden.)

www.abendblatt.de
»Ruhe sanft – aber teuer«: Friedhofsgebühren – bis zu 2000 Prozent Unterschied.

www.aerztezeitung.de
»Bei der Leichenschau ist höchste Sorgfalt geboten.«

www.bestatter-info.de
Links zu:
Umfrage zum Image des Bestattungsgewerbes
Höchst dubios: der »Bund freier Bestatter«
Die Zeit: Der Tote ist König (vom 29.11.2001, Max Rauner)
Der Tagesspiegel: Krieg der Bestatter – Wie die Totengräberbranche ihre Pietät abschüttelt (vom 5.10.1999, Silke Becker)

www.bestattungsinstitut.de
»Schulische Voraussetzungen keine!« (vom 31.3.2004)

www.datenschutz.hessen.de
»Unzulässige Öffnung von Leichenschauscheinen in Frankfurt/Main.«

www.geo.de
Berufsbild Bestatter. Bestatter werden – nichts einfacher als das? (von Hanne Tügel)

www.intrinet.de
»Bestatter sorgfältig auswählen« (vom 31.10.1995, Ragah Kamel)

www.mylowg.forum-gratis.com
Forum: Gesundheit, Krankheit, Alter, Sterben und Erben. Bestattungsfirmen: »Der Bestattungsmafia ein Schnippchen schlagen!« (vom 17.8.2005)

www.politikforen.de
Zum Thema Friedhofszwang: »Die Bestattungsmafia wird die Sache schon biegen!« (vom 27.7.2005)

www.postmortal.de
Links zu:
Kirchenfunktionäre: Gezielte Lüge gehört zum Handwerk – Die Grachtenaffaire deutscher Kirchen- und Bestatterfunktionäre.
Totenwürde unter Wasser: Die Pietät endet abrupt nach dem Ablauf der teuer bezahlten »Ruhezeit«
Der Tod in der Brual-Siedlung: Totengräber zum Nulltarif
Leichendiebstahl: ein Menetekel
Vergessene Tote in unseren Städten
Friedwald: Beisetzung in der Baumwurzel
Die Knochen meiner Mutter lagen offen rum

www.rhein-zeitung.de
»Jede 2. Tötung in Deutschland bleibt unentdeckt.«

www.stiftung-warentest.de
Bestattungen: »Die teuren Toten« (vom 21. 10. 2004)
Trauerfall: »schwierige Rechnung« (Finanztest 03/2002)
Unter der Lupe: Sterbegeldversicherung: »Umsonst ist nur der Tod« (vom 18. 2. 2003)

www.wdr.de
Links zu:
Teures Ende: Beerdigungskosten
Sparen ist nicht pietätlos
Schlechte Noten für Bestatter
Sterbegeldversicherung meist teuer (vom 17. 1. 2005, Kai Althoetmar)

www.welt.de
»Bestatter trauern« (vom 21. 5. 2005)

www.zdf.de
Ratgeber: Ärger mit hohen Friedhofsgebühren: Bescheide der Kommunen prüfen (vom 2. 12. 2003)

Beiträge in Büchern, Broschüren, Zeitschriften und Zeitungen

Blätter zur Berufskunde der Bundesanstalt für Arbeit: Bestattungsfachkraft

Fliege, Jürgen/Roth, Fritz: Lebendige Trauer – Dem Tod bewusst begegnen, Ehrenwirth Verlag, Bergisch Gladbach 2002

Hemmer, Dagmar/Höferl, Andreas/Hollos, Bela Markus: Privatisierung und Liberalisierung öffentlicher Dienstleistungen in der EU, Teil 14: Bestattungswesen, Wien 11.4. 2003

»Leichenwagen-Fahrer beißt Polizisten«, in: Bild-Zeitung vom 3.3.2006, S. 12

Leisner, Barbara: Abschied nehmen, Herder Verlag, Freiburg 2002

Loos, Markus: Ein Bestatter packt aus, Books on Demand, Norderstedt, Oktober 2000

Roth, Fritz/Bode, Sabine: Der Trauer eine Heimat geben – Für einen lebendigen Umgang mit dem Tod, Gustav Lübbe Verlag, Bergisch Gladbach 1998

Rückert, Sabine: Tote haben keine Lobby, Verlag Hoffmann und Campe, Hamburg 2000

Steinhoff, Jürgen: »Hinter den Kulissen des Todes«, in: Stern Nr. 46/1999, S. 84–98

Stuff, Britta: »Erlösung wider Willen«, in: Welt am Sonntag vom 5.2.2006, S. 14

Traub, Ulrich: »Wie kommt ein Mensch unter die Erde?«, in: Die Rheinpfalz vom 21.12.2006

Adressen

Aeternitas e.V.
Dollendorfer Str. 72
53639 Königswinter
Tel. 02244 – 925 37
Fax 02244 – 925 388
Internet: www.aeternitas.de
E-Mail: aeternitas@t-online.de
Verbraucherinitiative für Bestattungskultur; Kostenloser Ratgeber: Grabnutzungs- und Bestattungsgebühren. Hier finden

Sie u. a. eine Gebührendatenbank zu Kosten aller Grabarten in den einzelnen Städten.

Bestattungsmuseum Wien
Goldeggasse 19
1041 Wien
Tel.: (01) 501 95 0

Bundesverband Deutscher Bestatter e.V. (BDB)
Volmerswerther Straße 79
40221 Düsseldorf
Tel.: 0221 – 160 08 10
Fax: 0211 – 160 08 50
Internet: www.bestatter.de
E-Mail: info@bestatter.de
Homepage des Bundesverbandes Deutscher Bestatter (BDB), offizielles Forum der Bestatter in Deutschland. Der Verband repräsentiert 75 Prozent der rund 4000 in der Bundesrepublik Deutschland ansässigen Bestattungsunternehmen. Angehörige, die mit den Leistungen/Rechnungen eines BDB-Bestatters unzufrieden sind, können sich an eine verbandseigene Schlichtungsstelle wenden.

Deutsche Bestattungsvorsorge Treuhand AG
Volmerswerther Straße 79
40221 Düsseldorf
Tel.: 0221 – 160 08 11/12
Fax: 0211 – 160 08 70
Internet: www.bestatter.de
E-Mail: BV-Bestatter@t-online.de

Friedwald GmbH
Im Leuschnerpark 3
64347 Griesheim
Zentrale: 06155 – 848-0
Tel.-Info: 06155 – 848-100
Waldführung: 06155 – 848-200
Fax: 06155 – 84 81 11
Internet: www.friedwald.de
E-Mail: info@friedwald.de
Die Firma betreibt zurzeit (Stand April 2007) folgende Friedwälder in Deutschland:
Rügen Park Pansevitz, Friedwald Buxtehude, Friedwald Hasbruch bei Hude (Nähe Bremen), Friedwald Lüneburger Heide bei Bispingen, Friedwald Bramsche am Teutoburger Wald, Friedwald Kalletal an der Porta Westfalica (bei Hannover), Friedwald Elm bei Königslutter (Nähe Braunschweig), Friedwald Fürstenwalde (bei Berlin), Friedwald Reinhardswald (bei Kassel), Friedwald Bad Laasphe am Rothaarsteig (Nähe Siegen-Marburg), Friedwald Bad Münstereifel, Friedwald Weilrod im Taunus, Friedwald Odenwald (bei Michelstadt), Friedwald Urwald (bei Saarbrücken), Friedwald Schwaigern (bei Heilbronn)
Außerdem 51 Friedwälder in der Schweiz.

Verband Deutscher Bestattungsunternehmen e.V.
Fürstenbrunner Weg 10 – 12
14059 Berlin
Tel.: 030 – 78 782 404
Fax: 030 – 78 782 203
Internet: www.vdb-berlin.de
E-Mail: kontakt@vdb-berlin.de

Verband unabhängiger Bestatter e.V.
In der Tütenbeke 6
32339 Espelkamp
Tel.: 0700 – 88 22 58 83
Fax: 0700 – 88 22 58 83
Internet: www.vub-aktuell.de
E-Mail: info@bestatterverband.de

Websites

www.anubis-tierbestattungen.de
Tierbestattungen

www.batf.de
Bundesarbeitsgemeinschaft Trauerfeier BATF e.V., bundesweiter Verband von Trauerrednern und Trauerrednerinnen, 1996 gegründet, die Mitglieder gestalten weltliche oder religiöse Trauerfeiern im nicht kirchlichen Bereich.

www.berliner-bestatter.de
Bestatter in Berlin

www.bestattungsinstitut.de
Umfassendes Forum mit offener Diskussion für Betroffene, Rat- und Hilfesuchende sowie für Menschen, die positive Impulse suchen.

www.bestattungsinstitut.de/tierfried.htm
Tierbestattungen

www.der-billigbestatter.de
»Bestattungen zum niedrigen Pauschalpreis«

www.feierredner.de
Interessengemeinschaft freier Bestattungs- und Feierredner

www.friedwald.de
Friedwald

www.hanseeart.com
Seebestattungen

www.herrmann-city.de
»Tot, Bestattung – was tun?«

www.nrw-bestatter.de
Die Bestatter im Tischlerhandwerk – Nordrhein-Westfalen

www.preiswert-bestattung.de
(auch **www.beisetzungskosten.de**)
Unabhängiger Suchdienst nach seriösen und preiswerten Bestattungsunternehmen

www.schiffahrtskontor-buesum.com
Nordseebestattungen

www.volksbestattung.de
»Bestattungen ab 599,–«

Ein Verzeichnis der über 500 Bestatter in **Österreich** gibt es unter **www.bestatter.at** und bei **www.begraebnis.at.**

Die Bestatter in der **Schweiz** sind beim Schweizer Verband der Bestattungsdienste (SVB) zu finden unter **www.bestatter.ch**.

Anhang

Gesetz über das Leichen-, Bestattungs- und Friedhofswesen der Stadt Berlin

Gesetz über die landeseigenen und nichtlandeseigenen Friedhöfe Berlins (Friedhofgesetz)

Gesetz über das Leichen- und Bestattungswesen (Bestattungsgesetz)

Verordnung zur Durchführung des Bestattungsgesetzes (DVO-Bestattungsgesetz)

Gesetz über die landeseigenen und nichtlandeseigenen Friedhöfe Berlins (Friedhofsgesetz)

Erster Abschnitt: Allgemeine Vorschriften

§ 1 Geltungsbereich
Die Vorschriften dieses Gesetzes gelten für die landeseigenen und nichtlandeseigenen Friedhöfe (öffentliche Friedhöfe) Berlins.

§ 2 Zweckbestimmung
(1) Die würdige Bestattung von verstorbenen Personen ist eine öffentliche Aufgabe, die auf öffentlichen Friedhöfen wahrgenommen wird. Öffentliche Friedhöfe stellen kulturelle Einrichtungen dar, welche die Ehrung der Toten und die Pflege des Andenkens ermöglichen.
(2) Auf landeseigenen Friedhöfen wird unabhängig von Konfession und Weltanschauung bestattet. Friedhofsträger ist das Land Berlin. Die Ausübung religiöser und weltanschaulicher Gebräuche bei Bestattungen und Totengedenkfeiern im Rahmen der Friedhofsordnung wird gewährleistet.
(3) Nichtlandeseigene Friedhöfe sind Friedhöfe, die der Bestattung der Mitglieder von Kirchen, Religionsgesellschaften oder Weltanschauungsgemeinschaften entsprechend der jeweiligen Friedhofsordnung dienen. Träger von nichtlandeseigenen Friedhöfen können Körperschaften des öffentlichen Rechts und gemäß § 3 Abs. 2 beliehene Religionsgesellschaften oder Weltanschauungsgemeinschaften sein, denen die Verwaltung und Organisation eines Friedhofs oder Friedhofsteils gemäß § 3 Abs. 3 übertragen wurde.
Die Bestattung von Verstorbenen, die nicht der jeweiligen Konfession oder Weltanschauungsgemeinschaft angehören, liegt im Ermessen des jeweiligen Friedhofsträgers und darf bei Vorliegen von zwingenden Gründen des öffentlichen Interesses nicht verweigert werden, soweit es die religiösen Ordnungen der jeweiligen Religionsgesellschaften zulassen.
(4) Friedhöfe sind Grünanlagen mit besonderer Zweckbestimmung. Sie sind Teil des städtischen Grüns und haben darüber hinaus vor allem in innerstädtischen Lagen Bedeutung für die ruhige und besinnliche Erholung der Bevölkerung.

§ 3 Genehmigungserfordernis und Zuständigkeiten

(1) Friedhöfe dürfen nur mit Genehmigung der für das Friedhofswesen zuständigen Senatsverwaltung angelegt oder erweitert werden. Die Genehmigung ist zu versagen, wenn das Vorhaben den Bestimmungen nach § 5 oder sonstigen Rechtsvorschriften widerspricht. Widmung, Schließung und Aufhebung obliegen dem Friedhofsträger und dürfen erst nach Herbeiführung des Einvernehmens mit der für das Friedhofswesen zuständigen Senatsverwaltung erfolgen. Das Einvernehmen zur Schließung darf ohne zwingende Gründe des öffentlichen Interesses nicht verweigert werden. In den Fällen der Anlegung, Erweiterung und Aufhebung ist außerdem das Einvernehmen der für das Gesundheitswesen zuständigen Senatsverwaltung erforderlich.

(2) Gemeinnützige Religionsgesellschaften, die nicht als Körperschaften des öffentlichen Rechts anerkannt sind, können von der für das Friedhofswesen zuständigen Senatsverwaltung widerruflich mit dem hoheitlichen Bestattungsrecht beliehen werden, wenn sie in der Lage sind, den sachlichen und ideellen Bedarf sowie das langfristige wirtschaftliche Leistungsvermögen nachzuweisen. Gleiches gilt für gemeinnützige Weltanschauungsgemeinschaften.

(3) Die Friedhofsverwaltung und die Friedhofsorganisation obliegen dem jeweiligen Friedhofsträger. Der Friedhofsträger kann unter der Voraussetzung, dass er auch Eigentümer des Friedhofsgrundstücks ist, einer beliehenen Religionsgesellschaft oder Weltanschauungsgemeinschaft im Sinne des Absatzes 2 die Verwaltung und Organisation eines Friedhofs oder Friedhofsteils durch Vertrag übertragen. In diesem Fall geht die Zuständigkeit dafür auf die jeweilige Gemeinschaft über. Die Eigentumsverhältnisse am Friedhofsgrundstück bleiben unberührt.

§ 4 Verkehrssicherungspflicht

(1) Der Friedhofsträger haftet für den verkehrssicheren Zustand des Friedhofs und seiner Anlagen. Für die Verkehrssicherheit einer Grabstätte, an der ein Nutzungsrecht vergeben wurde, hat der jeweilige Nutzungsberechtigte Sorge zu tragen.

(2) Die Verkehrssicherungspflicht auf landeseigenen Friedhöfen wird als öffentlich-rechtliche Pflicht wahrgenommen. Absatz 1 Satz 2 bleibt unberührt.

Zweiter Abschnitt: Planung, Anlegung, Erweiterung, Schließung und Aufhebung von Friedhöfen

§ 5 Allgemeine Bestimmungen

(1) Friedhöfe sind so zu gestalten und zu unterhalten, dass sie dem Anspruch an Ruhe und Würde eines Friedhofs entsprechen und historische Strukturen gewahrt werden.

(2) Bei Planung, Anlegung, Erweiterung, Schließung sowie Aufhebung von Friedhöfen und Friedhofsteilen sind
1. die Friedhofsentwicklungsplanung,
2. die Bauleitplanung und
3. die Landschaftsplanung zu beachten.

(3) Friedhöfe müssen den Anforderungen der öffentlichen Sicherheit und Ordnung, insbesondere denen der Gesundheit, entsprechen. Die Eignung der Bodenbeschaffenheit und der Grundwasserverhältnisse ist nachzuweisen.

§ 6 Friedhofsentwicklungsplan

Die für das Friedhofswesen zuständige Senatsverwaltung stellt unter Beteiligung der Friedhofsträger und der für Angelegenheiten der Religionsgesellschaften und Weltanschauungsgemeinschaften zuständigen Senatsverwaltung einen Friedhofsentwicklungsplan auf, der die vorhandene Versorgung mit Friedhofsflächen feststellt sowie die angestrebte, wohngebietsbezogene Versorgung und die notwendigen Entwicklungsmaßnahmen nach ihrer Dringlichkeit darlegt. Der Friedhofsentwicklungsplan enthält die nach Schließung und Aufhebung beabsichtigte folgende Nutzung, wobei grundsätzlich die Folgenutzung als Grünfläche vorzusehen ist. Eine spätere bauliche oder sonstige, mit der ehemaligen Friedhofsnutzung nicht harmonisierende Nutzung ist aus Gründen der Pietät grundsätzlich nicht zulässig. Eine andere Folgenutzung kann nur aus zwingendem öffentlichen Interesse und nach besonders eingehender Prüfung zugelassen werden. Der Plan wird vom Senat beschlossen und ist dem Abgeordnetenhaus zur Kenntnis zu geben. Er ist nach Bedarf zu aktualisieren.

§ 7 Schließung und Aufhebung

(1) Ein Friedhof oder Friedhofsteil kann aus städtebaulichen, wirtschaftlichen oder anderen zwingenden Gründen des öffentlichen

Interesses für weitere Bestattungen gesperrt werden (Schließung). Dieses gilt auch für einzelne Bestattungs- und Grabstättenarten. Als Ersatz für die Nutzungsrechte, die bis zum Zeitpunkt der Schließung nicht ausgeübt worden sind, werden auf Antrag des jeweiligen Nutzungsberechtigten Nutzungsrechte auf einem anderen Friedhof oder Friedhofsteil eingeräumt oder eine Rückzahlung der auf die restliche Laufzeit entfallenden Gebühren geleistet. Die Schließung eines Friedhofs oder Friedhofsteils ist öffentlich bekannt zu machen.

(2) Soll ein Friedhof nach der Schließung einer anderen Nutzung zugeführt werden (Aufhebung), so ist eine Frist von 30 Jahren nach der letzten Bestattung einzuhalten. Ein Friedhof oder Friedhofsteil darf nicht aufgehoben werden, wenn aus religiösen Gründen ein dauerndes Ruherecht gewährt worden ist. Die Aufhebung eines Friedhofs oder Friedhofsteils ist öffentlich bekannt zu machen.

(3) Abweichend von Absatz 2 Satz 1 kann ein Friedhof oder Friedhofsteil vor Ablauf von 30 Jahren nach der letzten Bestattung mit Zustimmung des Senats aufgehoben werden, wenn zwingende Gründe des öffentlichen Interesses es erfordern und religiöse Überzeugungen nicht entgegenstehen. Den Nutzungsberechtigten sind für die restliche Dauer der Nutzungsrechte entsprechende Rechte auf einem anderen Friedhofsteil oder einem anderen Friedhof einzuräumen. Die Verstorbenen sind in diesem Fall in die neuen Grabstätten umzubetten. Durch die Umbettungen, das Umsetzen der Grabmäler und das Herrichten der neuen Grabstätten dürfen den Nutzungsberechtigten keine Kosten entstehen.

(4) Eine geringfügige Inanspruchnahme eines Friedhofsteils aus zwingenden Gründen des Gemeinwohls für andere Zwecke bedarf der Zustimmung der für das Friedhofswesen zuständigen Senatsverwaltung, soweit sie Umbettungen erforderlich macht. Absatz 3 Satz 2 bis 4 gilt entsprechend.

Dritter Abschnitt: Umwelt- und Naturschutz

§ 8 Allgemeine Anforderungen

Die bei der Anlegung, Gestaltung, Nutzung und Unterhaltung Beteiligten haben den Anforderungen des Umwelt- und Naturschutzes Rechnung zu tragen.

§ 9 Besondere Anforderungen

(1) Die Ziele und Erfordernisse der Abfallvermeidung und Abfallverwertung sind zu beachten. Die Abfallverwertung hat Vorrang vor der sonstigen Entsorgung, wenn sie technisch nach den örtlichen Gegebenheiten möglich und der hierdurch entstehende Kostenaufwand nicht unzumutbar ist. Das Belassen von nicht kompostierbaren Abfällen auf dem Friedhof ist nicht zulässig.

(2) Grabmäler dürfen nicht aus ressourcenschädigenden Materialien bestehen.

(3) Die Verwendung von nicht biologisch abbaubaren Materialien bei den Bestattungen sowie von nicht kompostierbaren Materialien bei der gärtnerischen Gestaltung von Grabstätten und der Trauerfloristik ist nicht gestattet. Ausgenommen sind ausdrücklich im Belegungsplan zugelassene Gestaltungsmittel und Behältnisse für den zeitweiligen Blumenschmuck. Abbauprodukte dürfen keine ressourcenschädigende Eigenschaft haben.

Vierter Abschnitt: Nutzungsrecht und Ruhezeit

§ 10 Nutzungsrecht

(1) Eine Bestattung ist nur zulässig, wenn zuvor das Nutzungsrecht an einer Grabstätte erworben wurde. Der Nutzungsberechtigte darf darüber befinden, wer auf der Grabstätte beigesetzt und wie die Grabstätte gestaltet und gepflegt werden soll, wobei die geltende Friedhofsordnung zu beachten ist. Das Nutzungsrecht wird auf Grundlage der jeweiligen Friedhofsordnung und Gebührenordnung vergeben. Der Erwerber des Nutzungsrechts an einer Grabstätte ist Nutzungsberechtigter, soweit keine andere Regelung getroffen worden ist.

(2) Die Dauer des Nutzungsrechts entspricht mindestens der Ruhezeit gemäß 11 Abs. 1 Satz 1.

(3) Die Vergabe des Nutzungsrechts an einer Grabstätte berührt nicht deren Eigentumsverhältnisse.

§ 11 Ruhezeit

(1) Die Ruhezeit beträgt für Erd- und Urnenbestattungen mindestens 20 Jahre. Der Friedhofsträger kann längere Ruhezeiten bestimmen und die Ruhezeit aus religiösen Gründen auf Dauer festlegen.

(2) Eine Grabstätte darf nur belegt werden, wenn die Mindestruhezeit eingehalten wird. Sie darf erst nach Ablauf der Ruhezeit des zuletzt Bestatteten neu belegt oder anderweitig verwendet werden.

Fünfter Abschnitt: Grabstätten und Umbettungen

§ 12 Grabstätten

(1) Gestaltung und Ausstattung der Grabstätten müssen der Würde des Ortes und den Anforderungen an die Verkehrssicherheit entsprechen.

(2) Grabstätten werden unterschieden in Erdgrabstätten, Urnengrabstätten und Aschengrabstätten. Erdgrabstätten dienen der Aufnahme von menschlichen Leichen in Särgen. In Urnengrabstätten werden die verschlossenen Urnen mit der Asche Verstorbener beigesetzt. Aschengrabstätten stehen für das Ausstreuen der Asche Verstorbener zur Verfügung. Der Friedhofsträger entscheidet, welche Arten von Grabstätten er anbietet. Auf landeseigenen Friedhöfen sind Grabstättenarten entsprechend dem Bedarf bereitzuhalten.

(3) Grabstätten für Erdbestattungen erfordern eine Erdbedeckung (ohne Hügel) von mindestens 0,90 Metern über der Sargoberkante. Zwischen den einzelnen Särgen muss eine mindestens 0,30 Meter starke Erdwand verbleiben.

(4) Unterirdisch beigesetzte Urnen müssen eine Überdeckung von mindestens 0,50 Metern aufweisen.

(5) Gebaute Grüfte, einschließlich Grabkammern, dürfen nicht angelegt werden.

(6) Grabstätten von Persönlichkeiten, die sich besonders verdient gemacht haben oder deren Andenken in der Öffentlichkeit fortlebt, kann das Land Berlin als Ehrengrabstätten anerkennen. Einzelheiten der Anerkennung als Ehrengrab, der Finanzierung, der Pflege und der Unterhaltung werden durch die für das Friedhofswesen zuständige Senatsverwaltung geregelt.

(7) Der rechtliche Status der Gräber der Opfer von Krieg und Gewaltherrschaft sowie die Verpflichtung zu ihrer Erhaltung und Pflege bleiben durch dieses Gesetz unberührt.

(8) Die Gräberfelder auf den landeseigenen Friedhöfen in Lichtenberg, Treptow und Pankow, auf denen die Verfolgten des Nationalsozialismus beigesetzt sind, bleiben für diesen Personenkreis mit der bisherigen Zweckbestimmung erhalten. Personen, die nach dem Gesetz über Entschädigungen für Opfer des Nationalsozialismus im Beitrittsgebiet vom 22. April 1992 (BGBl. 1 S. 906) anerkannt sind, können dort weiterhin bestattet werden. Satz 1 gilt nicht für Personen, die für Unterdrückungsmaßnahmen verantwortlich waren. Näheres regelt eine Verwaltungsvorschrift.

§ 13 Gebeine und Urnenreste

Wenn beim Ausheben eines Grabes zur Neubelegung Sargteile, Gebeine und Urnenreste gefunden werden, sind diese unter der Sohle des neu aufgeworfenen Grabes zu versenken oder auf eine andere Art würdig beizusetzen. Werden noch nicht verweste Leichen vorgefunden, so ist das Grab sofort wieder zu verschließen. Die Mindestruhezeit für das betroffene Grabfeld ist durch den Friedhofsträger zu überprüfen und gegebenenfalls zu verlängern.

§ 14 Ausgrabungen und Umbettungen

(1) Die Ruhe der Toten darf grundsätzlich nicht gestört werden.

(2) Das Ausgraben einer Leiche zum Zwecke der Umbettung oder Einäscherung erfordert die Zustimmung der Friedhofsverwaltung. Die Zustimmung darf nur erteilt werden, wenn ein wichtiger Grund besteht, die Erlaubnis des Bezirksamts nach dem Bestattungsgesetz vom 2. November 1973 (GVBl. S. 1830), zuletzt geändert durch Gesetz vom 21. September 1995 (GVBl. S. 608), in der jeweils gültigen Fassung vorliegt und durch die Maßnahme weitere Grabstätten nicht beeinträchtigt werden.

(3) Das Ausgraben der Urnen bedarf der Zustimmung der Friedhofsverwaltung.

(4) Eine Umbettung der Asche Verstorbener ist ausgeschlossen.

(5) Die Ruhezeiten vor und nach der Umbettung müssen insgesamt mindestens der Ruhezeit gemäß 11 Abs. 1 Satz 1 entsprechen.

(6) Die Absätze 1 bis 3 gelten nicht für Umbettungen nach 7 Abs. 3.

(7) 23 Abs. 2 des Bestattungsgesetzes in der jeweils gültigen Fassung bleibt unberührt.

Sechster Abschnitt: Erlass ergänzender Vorschriften

§ 15 Friedhofsordnungen

(1) Die Friedhofsträger regeln die Verwaltung und die Benutzung der Friedhöfe durch Friedhofsordnungen oder vergleichbare Regelungen. Die für das Friedhofswesen zuständige Senatsverwaltung erlässt zu diesem Zweck eine Rechtsverordnung für landeseigene Friedhöfe.

(2) Jeder Friedhofsträger soll folgende Sachverhalte regeln:

1. Verhalten auf dem Friedhof,
2. Benutzung der Friedhofseinrichtungen,
3. Anbieten von Waren und Diensten sowie das Ausüben von Diensten auf dem Friedhof,
4. Nutzungsrechte an Grabstätten,
5. Arten, Größe und Belegung der Grabstätten,
6. Gestaltung, Pflege und Unterhaltung der Grabstätten nach ökologischen Gesichtspunkten,
7. Größe, Material und Gestaltung der Grabmäler,
8. Beschaffenheit der Särge und Urnen,
9. Ausheben und Verfüllen der Gräber,
10. Verkehrssicherungspflicht sowie
11. Haftung bei Diebstahl oder Beschädigung durch Dritte oder durch Tiere.

(3) Vorschriften der jeweiligen Friedhofsordnung und dieses Gesetzes sowie Vorschriften des Natur- und Umweltschutzrechts, die den Friedhofsbesucher oder Nutzungsberechtigten direkt betreffen, sind auf dem Friedhof sichtbar bekannt zu machen.

§ 16 Friedhofsgebührenordnungen

(1) Die Friedhofsträger sind berechtigt, für die Benutzung ihrer Friedhöfe und Einrichtungen sowie für einzelne Leistungen der Friedhofsverwaltungen auf Grundlage einer Friedhofsgebührenordnung Gebühren zu erheben.

(2) Für die Benutzung der landeseigenen Friedhöfe und ihrer Einrichtungen sowie für einzelne Leistungen ihrer Friedhofsverwaltung werden Gebühren auf Grund des Gesetzes über Gebühren und Beiträge vom 22. Mai 1957 (GVBl. S. 516), zuletzt geändert durch Gesetz vom 30. Oktober 1969 (GVBl. S. 2252), in der jeweils gültigen Fassung erhoben.

(3) Die Gebühren für die Benutzung landeseigener und nichtlandeseigener Friedhöfe sollen nicht übermäßig voneinander abweichen. Die Gebührenordnungen nach Absatz 1 sind der für das Friedhofswesen zuständigen Senatsverwaltung zur Kenntnis zu geben.

§ 17 Verarbeitung personenbezogener Daten

(1) Die Verarbeitung personenbezogener Daten durch die zuständigen Friedhofsverwaltungen ist zur Aufgabenerfüllung zulässig. Hierzu gehört insbesondere die Führung von Namensregistern der Nutzungsberechtigten, der Verstorbenen und der auf dem Friedhof gewerblich Tätigen.

(2) Die für das Friedhofswesen zuständige Senatsverwaltung erlässt für die landeseigenen Friedhöfe durch Rechtsverordnung Vorschriften über die Verarbeitung personenbezogener Daten, insbesondere über Art und Umfang der Daten, ihre Verarbeitung in Dateien und auf sonstigen Datenträgern, ihre Löschung sowie die Datensicherung.

Siebter Abschnitt: Übergangs- und Schlussvorschriften

§ 18 Übergangsbestimmungen

(1) Die Dauer der Ruhezeit vor Inkrafttreten dieses Gesetzes bestatteter Verstorbener bestimmt sich nach den geltenden Vorschriften zum Zeitpunkt der Bestattung, soweit dieses Gesetz nicht längere Ruhezeiten vorschreibt.

(2) Die Grabmalordnung vom 6. April 1966 (GVBl. S. 63) gilt bis zum Inkrafttreten der auf Grund von 15 Abs. 1 Satz 2 erlassenen Friedhofsordnung weiter fort.

§ 19 Ordnungswidrigkeiten

(1) Ordnungswidrig handelt, wer vorsätzlich oder fahrlässig

1. nicht kompostierbare Materialien auf einem Friedhof belässt,
2. nicht biologisch abbaubare Materialien bei den Bestattungen verwendet,
3. nicht kompostierbare Materialien, mit Ausnahme der durch den Belegungsplan zugelassenen Gestaltungsmittel, bei der gärtnerischen Gestaltung von Grabstätten oder bei der Trauerfloristik verwendet oder
4. der auf Grund dieses Gesetzes für landeseigene Friedhöfe erlassenen Rechtsverordnung zuwiderhandelt, soweit die Rechtsverordnung für einen bestimmten Tatbestand auf diese Bußgeldvorschriften verweist.

(2) Die Ordnungswidrigkeit kann mit einer Geldbuße bis zu 10 000 Deutsche Mark geahndet werden.

(3) Verwaltungsbehörde im Sinne des § 36 Abs. 1 Nr. 1 des Gesetzes über Ordnungswidrigkeiten für die Verfolgung und Ahndung von Ordnungswidrigkeiten auf landeseigenen und nichtlandeseigenen Friedhöfen ist das Bezirksamt.

§ 20 Durchführung des Gesetzes

Verwaltungsvorschriften zur Ausführung dieses Gesetzes erlässt die für das Friedhofswesen zuständige Senatsverwaltung im Einvernehmen mit den für das Gesundheitswesen sowie für die Angelegenheiten der Religionsgesellschaften und Weltanschauungsgemeinschaften zuständigen Senatsverwaltungen.

§ 21 Aufhebung von Rechtsvorschriften

Es werden aufgehoben:

1. das Friedhofsgesetz in der Fassung vom 16. Februar 1976 (GVBl. S. 466), zuletzt geändert durch Artikel 16 des Gesetzes vom 26. Januar 1993 (GVBl. S. 40),
2. das Gesetz über nichtlandeseigene Friedhöfe vom 18. Dezember 1970 (GVBl. S. 2072),
3. Anlage 1 Abschnitt IX Nr. 4 des Gesetzes über die Vereinheitlichung des Berliner Landesrechts vom 28. September 1990 (GVBl. S. 2119), das zuletzt durch Artikel II des Gesetzes vom 19. Oktober 1995 (GVBl. S. 686) geändert worden ist.

§ 22 Inkrafttreten
Dieses Gesetz tritt einen Monat nach der Verkündung im Gesetz- und Verordnungsblatt für Berlin in Kraft.

Gesetz über das Leichen- und Bestattungswesen (Bestattungsgesetz)

vom 2.11.1973 (GVBl. S. 1830) geändert durch die Gesetze vom 5.3.1987, 9.12.1988, 8.2.1994 und vom 21.9.1995 (GVBl. S. 998, 2263, 71 und 608).

Erster Abschnitt: Anwendungsbereich

§ 1 Leichen
(1) Dieses Gesetz findet auf menschliche Leichen Anwendung.
(2) Leichen im Sinne dieses Gesetzes sind auch totgeborene Kinder. Als totgeborene Kinder gelten Leibesfrüchte, die mindestens 1000 Gramm wiegen und bei denen sich nach der Scheidung vom Mutterleib keines der Merkmale des Lebens gezeigt hat.

§ 2 Ehrfurcht vor Toten
Wer mit Leichen umgeht, hat dabei die gebotene Ehrfurcht vor dem toten Menschen zu wahren.

Zweiter Abschnitt: Leichen

§ 3 Leichenschaupflicht
(1) Jede Leiche ist zur Feststellung des Todes, des Todeszeitpunktes, der Todesart und der Todesursache von einem Arzt zu untersuchen (Leichenschau).
(2) Jeder niedergelassene Arzt ist verpflichtet, die Leichenschau auf Verlangen vorzunehmen, sofern er nicht aus wichtigem Grund daran gehindert ist. Bei Sterbefällen in Krankenanstalten trifft diese Verpflichtung die dort tätigen Ärzte.

§ 4 Veranlassung der Leichenschau

(1) Bei einem Sterbefall haben die Leichenschau unverzüglich zu veranlassen:
1. der Ehegatte,
2. die volljährigen Kinder,
3. die Eltern,
4. andere Verwandte,
5. Personen, mit denen der Verstorbene in häuslicher Gemeinschaft gelebt hat,
6. derjenige, in dessen Räumen oder auf dessen Grundstück sich der Sterbefall ereignet hat,
7. jede Person, die bei dem Tode zugegen war oder durch eigene Feststellungen davon Kenntnis erlangt hat.

(2) Bei einer Totgeburt haben die Leichenschau unverzüglich zu veranlassen:
1. der eheliche Vater,
2. die Hebamme, die bei der Geburt zugegen war,
3. der Arzt, der dabei zugegen war,
4. jede Person, die dabei zugegen war oder durch eigene Feststellungen von der Geburt Kenntnis erlangt hat.

(3) Eine Verpflichtung, die Leichenschau zu veranlassen, besteht nur, wenn die in der Reihenfolge früher genannten Personen nicht vorhanden oder aus wichtigem Grund verhindert sind.

(4) Bei Sterbefällen und Totgeburten in den nachstehend aufgeführten Einrichtungen sind vor den in den Absätzen 1 und 2 genannten Personen verpflichtet, die Leichenschau zu veranlassen:
1. in Krankenanstalten und Entbindungsheimen der leitende Arzt, bei mehreren selbständigen Abteilungen der leitende Abteilungsarzt,
2. in sonstigen Anstalten und Heimen aller Art deren Leiter.

§ 5 Leichen von Unbekannten

Wer bei dem Tode eines Unbekannten zugegen ist oder die Leiche eines Unbekannten findet, hat hiervon unverzüglich die Polizeibehörde zu benachrichtigen. Die Leichenschau wird in diesen Fällen von der Polizeibehörde veranlasst.

§ 6 Vornahme der Leichenschau

(1) Der Arzt hat die Leichenschau grundsätzlich innerhalb von zwölf Stunden nach der Aufforderung hierzu vorzunehmen und über seine Feststellungen unter Verwendung des amtlichen Vordrucks unverzüglich einen Leichenschauschein auszustellen.

(2) Ergeben sich bei der Leichenschau Anhaltspunkte dafür, dass der Verstorbene eines nicht natürlichen Todes gestorben oder seine Todesart ungewiss ist, so beendet der Arzt die Leichenschau mit dieser Feststellung und benachrichtigt sofort die Polizeibehörde.

§ 7 Auskunftspflicht

(1) Ärzte, Zahnärzte und Heilpraktiker, die den Verstorbenen vor seinem Tode behandelt haben, sind verpflichtet, dem Arzt, der die Leichenschau vornimmt, auf Verlangen über den von ihnen festgestellten Krankheitszustand Auskunft zu geben.

(2) Die in Absatz 1 genannten Ärzte, Zahnärzte und Heilpraktiker sind berechtigt, die Auskünfte auch der Polizeibehörde zu geben.

§ 8 Kosten der Leichenschau

Die Kosten der Leichenschau und der Ausstellung des Leichenschauscheines hat, soweit nicht ein anderer dazu verpflichtet ist, derjenige zu tragen, der für die Kosten der Bestattung aufzukommen hat.

Dritter Abschnitt Behandlung und Beförderung von Leichen

§ 9 Überführung in Leichenhallen

(1) Jede Leiche ist innerhalb von 36 Stunden in eine Leichenhalle zu überführen, sofern sie nicht innerhalb dieser Frist bestattet oder an einen Ort außerhalb Berlins befördert wird.

(2) Leichenhallen im Sinne des Absatzes 1 sind die von dem Bezirksamt als geeignet anerkannten Leichenaufbewahrungsräume der Krankenanstalten, der Friedhöfe, der Krematorien, der anatomischen Institute, der gewerblichen Bestattungsunternehmer und der Polizeibehörde.

(3) Für die Verpflichtung, die Leiche in eine Leichenhalle überführen zu lassen, gilt 16 entsprechend.

§ 10 Einsargung

Leichen sind spätestens vor der Beförderung zu dem Bestattungsort einzusargen und in einem Sarg zu bestatten. Nicht eingesargte Leichen sind bedeckt zu transportieren.

§ 11 Leichenpass

(1) Leichen dürfen nach einem Ort außerhalb Berlins nur mit einem Leichenpass befördert werden.

(2) Leichen von Personen, die außerhalb Berlins verstorben sind, dürfen nach oder durch Berlin nur befördert werden, wenn für sie ein Leichenpass oder eine von der zuständigen Behörde ausgestellte Bescheinigung vorliegt, aus der sich die Zulässigkeit der Beförderung und der Bestattung ergibt.

(3) Bei der Beförderung ist der Leichenpass oder die in Absatz 2 genannte Bescheinigung mitzuführen.

§ 12 Leichenwagen

Leichen dürfen auf Straßen nur mit Fahrzeugen befördert werden, die zur Leichenbeförderung eingerichtet sind und ausschließlich zu diesem Zweck benutzt werden. Dies gilt nicht für die Bergung von Leichen und die Beförderung tödlich Verunglückter von der Unfallstelle.

§ 13 Aufbahrung von Leichen

Leichen können vor der Bestattung im geschlossenen Sarg an einem Ort aufgebahrt werden, den das Bezirksamt allgemein oder für den Einzelfall als für die Aufbahrung geeignet anerkannt hat. Die Aufbahrung ist auch über den in § 9 Abs. 1 genannten Zeitraum hinaus zulässig.

§ 14 Öffentliches Ausstellen von Leichen

(1) Leichen dürfen außerhalb des Leichenschauhauses der Polizeibehörde nicht öffentlich ausgestellt werden. Das Öffnen oder Offenlassen des Sarges während der Bestattungsfeierlichkeiten ist verboten.

(2) Das Bezirksamt kann Ausnahmen von den Verboten des Absatzes 1 zulassen.

Vierter Abschnitt: Bestattung

§ 15 Bestattungspflicht

(1) Jede Leiche muss bestattet werden.

(2) Eine totgeborene oder während der Geburt verstorbene Leibesfrucht mit einem Gewicht unter 1000 Gramm kann bestattet werden.

(3) Abgetrennte Körper- und Leichenteile sind, soweit sie nicht wissenschaftlichen Zwecken dienen, in hygienisch einwandfreier und dem sittlichen Empfinden entsprechender Weise zu beseitigen. Dasselbe gilt für Leibesfrüchte im Sinne von Absatz 2, die nicht bestattet werden.

§ 16 Bestattungspflichtige Personen

(1) Für die Bestattung der Leiche haben zu sorgen:
1. der Ehegatte,
2. die volljährigen Kinder,
3. die Eltern,
4. die volljährigen Geschwister,
5. die volljährigen Enkelkinder,
6. die Großeltern.

(2) Eine Verpflichtung, für die Bestattung zu sorgen, besteht nur, wenn die in der Reihenfolge früher genannten Angehörigen nicht vorhanden oder aus wichtigem Grund gehindert sind, für die Bestattung zu sorgen.

(3) Wenn die Angehörigen oder Dritte nicht oder nicht rechtzeitig für die Bestattung sorgen, ist das Bezirksamt dazu verpflichtet.

(4) Eine auf Gesetz oder Rechtsgeschäft beruhende Verpflichtung, die Kosten der Bestattung zu tragen, wird durch diese Vorschrift nicht berührt.

§ 17 Bestattungsarten

Die Bestattung kann als Erdbestattung oder als Feuerbestattung vorgenommen werden.

§ 18 Bestattungsort

(1) Erdbestattungen dürfen nur auf öffentlichen (landeseigenen und nichtlandeseigenen) Friedhöfen vorgenommen werden. Die zuständige Behörde kann Ausnahmen zulassen.

(2) Bei Feuerbestattungen dürfen Einäscherungen in den Krematorien des Landes Berlin vorgenommen werden. Für die Beisetzung von Aschen Verstorbener gilt Absatz 1 entsprechend.

(3) Die für die Errichtung und den Betrieb von Krematorien zuständige Senatsverwaltung kann mit Zustimmung der Senatsverwaltung für Finanzen und im Einvernehmen mit der Senatsverwaltung für Inneres die Errichtung und den Betrieb einzelner Feuerbestattungsanlagen widerruflich einem privaten Rechtsträger übertragen.

§ 19 Zulässigkeit der Bestattung

(1) Ein in Berlin Verstorbener darf erst bestattet werden, wenn ein Bestattungsschein erteilt worden ist und der Standesbeamte die Anzeige des Sterbefalles bescheinigt hat.

(2) Handelt es sich um die Leiche eines Unbekannten oder sind Anhaltspunkte dafür vorhanden, dass jemand eines nicht natürlichen Todes gestorben ist, so darf der Bestattungsschein erst erteilt werden, wenn die Staatsanwaltschaft oder der Amtsrichter die Bestattung schriftlich genehmigt hat (§ 159 Abs. 2 der Strafprozessordnung).

(3) Die den vertraulichen Teil des Leichenschauscheines verwahrende Behörde ist berechtigt, der Polizeibehörde auf Anfrage oder von Amts wegen die Auskünfte aus dem Leichenschauschein zu geben, die für den Vollzug des § 159 der Strafprozessordnung und des § 1559 der Reichsversicherungsordnung erforderlich sind. Dies gilt nicht für Angaben, die im Leichenschauschein nur zur Durchführung des Gesetzes über die Statistik der Bevölkerungsbewegung und die Fortschreibung des Bevölkerungsstandes eingetragen sind.

§ 20 Besondere Voraussetzungen der Feuerbestattung

(1) Leichen dürfen erst eingeäschert werden, wenn die Erlaubnis zur Feuerbestattung erteilt worden ist.

(2) Die Erlaubnis darf nur erteilt werden, wenn festgestellt worden ist, dass der Verstorbene eines natürlichen Todes gestorben ist. Dazu hat ein Arzt des Landesinstituts für gerichtliche und soziale Medizin eine weitere Leichenschau vorzunehmen. Kann bei der Leichenschau eine natürliche Todesursache nicht zuverlässig festgestellt werden, hat der Arzt Auskünfte nach § 7 einzuholen.

Reichen die Auskünfte zur Feststellung einer natürlichen Todesursache nicht aus, so ist die Polizeibehörde zu benachrichtigen.

(3) Ergeben sich bei der Leichenschau Anhaltspunkte dafür, dass der Verstorbene eines nicht natürlichen Todes gestorben ist, so ist unverzüglich die Polizeibehörde zu verständigen. In diesem Fall darf die Erlaubnis zur Feuerbestattung erst erteilt werden, wenn die Staatsanwaltschaft oder der Amtsrichter die Bestattung schriftlich genehmigt hat (§ 159 Abs. 2 der Strafprozessordnung).

§ 21 Zeitpunkt der Bestattung

Die Bestattung darf frühestens 48 Stunden nach Eintritt des Todes stattfinden, sofern nicht die zuständige Behörde aufgrund des Bundes-Seuchengesetzes eine vorzeitige Bestattung anordnet. Die für die Bestattungen auf öffentlichen Friedhöfen und für Einäscherungen in Krematorien Verantwortlichen dürfen Bestattungen und Einäscherungen nur zulassen, wenn ihnen die nach § 11 Abs. 2, 19 Abs. 1 und 20 Abs. 1 vorgeschriebenen Bestattungs- und Beförderungsunterlagen ausgehändigt worden sind.

§ 22 Bestattungsunterlagen

(1) Die für die Bestattungen auf öffentlichen Friedhöfen und für Einäscherungen in Krematorien Verantwortlichen dürfen Bestattungen und Einäscherungen nur zulassen, wenn ihnen die nach § 11 Abs. 2 und § 19 Abs. 1 vorgeschriebenen Bestattungs- und Beförderungsunterlagen ausgehändigt worden sind; für Einäscherungen in Krematorien ist zusätzlich eine Bescheinigung über die nach § 20 vorgeschriebene zweite Leichenschau vorzulegen.

(2) Soll ein Fehlgeborenes bestattet werden, ist den für Bestattung auf öffentlichen Friedhöfen und für Einäscherungen in Krematorien Verantwortlichen eine ärztliche Bescheinigung vorzulegen, aus der sich das Datum und der Umstand der Fehlgeburt sowie Name und Anschrift der Mutter ergeben.

§ 23 Ausgrabung von Leichen

(1) Bestattete Leichen dürfen nur mit Erlaubnis des Bezirksamtes ausgegraben werden. Die Erlaubnis kann unter Bedingungen, die dem Schutz der Gesundheit dienen, erteilt werden.

(2) Absatz 1 gilt nicht, wenn ein Gericht eine Leichenschau oder eine Leichenöffnung angeordnet oder die Polizeibehörde sie zur Untersuchung eines Unfalles (§ 1559 der Reichsversicherungsordnung) veranlasst hat.

Fünfter Abschnitt: Schlussvorschriften

§ 24 Ordnungswidrigkeiten

(1) Ordnungswidrig handelt, wer vorsätzlich oder fahrlässig

1. als Arzt
   a) die Leichenschau entgegen § 6 Abs. 1 nicht oder nicht rechtzeitig vornimmt, obwohl er sich zur Vornahme der Leichenschau bereit erklärt hat,
   b) den Leichenschauschein entgegen § 6 Abs. 1 unvollständig, unrichtig oder nicht unverzüglich ausstellt,
   c) die Polizeibehörde entgegen § 6 Abs. 2 nicht oder nicht rechtzeitig benachrichtigt,
2. als Arzt, Zahnarzt oder Heilpraktiker Auskünfte nach § 7 unrichtig erteilt,
3. als Bestattungsunternehmer
   a) eine Leiche nicht innerhalb der Frist des § 9 Abs. 1 in eine Leichenhalle überführt, obwohl er die Bestattung übernommen hat,
   b) eine Leiche entgegen § 10 nicht in einem Sarg oder entgegen § 12 nicht in einem Leichenwagen befördert,
4. in grober Weise gegen das Gebot des § 2 verstößt,
5. die Leichenschau entgegen § 4 nicht oder nicht rechtzeitig veranlasst,
6. eine Leiche entgegen § 9 in einer nicht als geeignet anerkannten Leichenhalle aufbewahrt,
7. eine Leiche entgegen § 15 Abs. 1 der Bestattung entzieht oder eine Leiche bestattet, ohne dass die Voraussetzungen des § 11 Abs. 2 oder des § 19 Abs. 1 vorliegen,
8. als bestattungspflichtiger Angehöriger entgegen § 16 Abs. 1 und 2 nicht für die Bestattung sorgt, es sei denn, dass ein anderer Angehöriger oder ein Dritter für die Bestattung sorgt,
9. entgegen § 18 außerhalb öffentlicher Friedhöfe eine Leiche

bestattet oder Asche Verstorbener beisetzt oder eine Leiche außerhalb eines Krematoriums einäschert,
10. eine bestattete Leiche ohne die nach § 23 vorgeschriebene Erlaubnis ausgräbt oder den Bedingungen, unter denen die Erlaubnis erteilt wurde, zuwiderhandelt.

(2) Ordnungswidrig handelt auch, wer vorsätzlich oder fahrlässig einer auf Grund des § 25 erlassenen Rechtsverordnung zuwiderhandelt, soweit die Rechtsverweisung für einen bestimmten Tatbestand auf diese Bußgeldvorschrift verweist.

(3) Die Ordnungswidrigkeit kann mit einer Geldbuße bis zu 3000 Deutsche Mark geahndet werden.

(4) Verwaltungsbehörde im Sinne des § 36 Abs. 1 Nr. 1 des Gesetzes über Ordnungswidrigkeiten ist in den Fällen des Absatzes 1 Nr. 1 Buchst. c der Polizeipräsident in Berlin, im Falle des Absatzes 1 Nr. 7 das Landeseinwohneramt Berlin, im Falle des Abs. 1 Nr. 9 das für das Friedhofswesen zuständige Mitglied des Senats, in allen übrigen Fällen das Bezirksamt.

§ 25 Rechtsverordnungen

(1) Der Senat kann zur Durchführung dieses Gesetzes Rechtsverordnungen erlassen über
1. den Inhalt, die Ausstellung und die Verwendung des Leichenschauscheins, des Bestattungsscheins und des Leichenpasses,
2. die Behandlung und die Beförderung von Leichen, insbesondere über die zu treffenden Schutzmaßnahmen und die Beschaffenheit der Särge,
3. die an Leichenhallen zu stellenden Anforderungen und ihre Überwachung,
4. die Aufbewahrung und den Versand von Aschen Verstorbener.

(2) Der Senat kann durch Rechtsverordnung aus Gründen der öffentlichen Sicherheit oder Ordnung
1. Ausnahmen von den Vorschriften des §10 Satz 1 und des § 12 zulassen,
2. anordnen, dass die Feuerbestattung auch ohne die besonderen Voraussetzungen des § 20 stattfinden darf.

(3) Die Geltungsdauer einer Rechtsverordnung nach Absatz 2 ist zu befristen; die Frist darf drei Monate nicht überschreiten.

§ 26 Verwaltungsvorschriften
Die zur Ausführung dieses Gesetzes erforderlichen Verwaltungsvorschriften erlässt das zuständige Mitglied des Senats im Einvernehmen mit dem Senator für Inneres.

§ 27 Änderung des Gesetzes über die Friedhöfe Berlins
Überholt.

§ 28 Inkrafttreten
(1) Dieses Gesetz tritt mit Ausnahme der §§ 25 und 26 neun Monate nach der Verkündung im Gesetz- und Verordnungsblatt für Berlin in Kraft; die §§ 25 und 26 treten am Tage nach der Verkündung in Kraft.
(2) Gleichzeitig treten außer Kraft:
1. das Gesetz über die Feuerbestattung vom 15. Mai 1934 (RGBl. I S. 380),
2. die Verordnung zur Durchführung des Feuerbestattungsgesetzes vom 10. August 1938 (RGBl. I S. 1000), geändert durch Verordnung vom 24. April 1942 (RGBl. I S. 242),
3. die Polizeiverordnung über das Leichenwesen vom 18. April 1933 (GVBl. Sb.1 2129-1).

Verordnung zur Durchführung des Bestattungsgesetzes (DVO-Bestattungsgesetz)

vom 22. 10. 1980 (GVBl. S. 2403) geändert durch die Verordnungen vom 12. 3. 1986 und vom 24. 3. 1987 (GVBl. S. 496 und 1085). Auf Grund des § 25 Abs. 1 des Bestattungsgesetzes vom 2. November 1973 (GVBl. S. 1830) wird verordnet:

Erster Abschnitt:
Leichenschauschein, Bestattungsschein und Leichenpass

§ 1 Leichenschauschein
(1) Der Leichenschauschein besteht aus einem nicht vertraulichen Teil und einem vertraulichen Teil. Der nicht vertrauliche Teil des

Leichenschauscheins ist in einer Ausfertigung, der vertrauliche Teil in drei Ausfertigungen auszufüllen.

(2) Das Muster des Leichenschauscheins bestimmt das für das Gesundheitswesen zuständige Mitglied des Senats im Einvernehmen mit dem Senator für Inneres.

§ 2 Inhalt des Leichenschauscheins

(1) Der nicht vertrauliche Teil des Leichenschauscheins enthält folgende Daten:

1. Name und Vorname, Geschlecht, Geburtsdatum, Geburtsort und Wohnort des Verstorbenen;
2. Sterbeort, bei Sterbefällen im Krankenhaus die Aufnahmenummer des Verstorbenen und den Aufnahmetag;
3. bei unbekannten Toten das vermutliche Alter;
4. Zeitpunkt des Todes;
5. Ort, Tag und Uhrzeit der Todesfeststellung;
6. bei Kindern, die weniger als 24 Stunden gelebt haben, Lebensdauer in Stunden;
7. behandelnder Arzt des Verstorbenen;
8. Todesart (natürlicher Tod, nicht natürlicher Tod, ungeklärt);
9. bei nicht natürlichem Tod die Beschreibung des Ereignisses, das zum Tode geführt hat, mit Art der Verletzung und der Einwirkung;
10. die Angabe, ob eine Meldepflicht nach dem Bundes-Seuchengesetz bestand;
11. die Angabe, ob von der Leiche die Gefahr der Krankheitsübertragung (Seuchengefahr)ausgeht.

(2) Der vertrauliche Teil des Leichenschauscheins enthält zusätzlich folgende Daten:

1. Art des Todeseintritts (Endzustand);
2. Todesursache Grundkrankheit (klinische und ggf. pathologisch-anatomische Beurteilung);
3. andere wesentliche Krankheiten zur Zeit des Todes;
4. bei Tod durch Unfall die Schilderung der näheren Umstände;
5. die Angabe, ob eine Vergiftung vorlag;
6. bei Totgeborenen und Kindern unter einem Jahr

a) die nähere Bezeichnung des Ortes, an dem die Geburt erfolgte,
b) Gewicht und Größe bei der Geburt,

c) Reife bei der Geburt,
d) die Angabe, ob das Kind aus einer Mehrlingsgeburt stammt;
7. bei Frauen die Angabe, ob
a) eine Schwangerschaft vorlag,
b) in den letzten drei Monaten eine Entbindung erfolgt war;
8. die Angabe, ob eine Leichenöffnung vorgesehen ist.

(3) Der ausstellende Arzt hat die einzelnen Teile des Leichenschauscheins unter Angabe des Ortes und Tages der Ausstellung sowie seines Namens und seiner Anschrift eigenhändig zu unterschreiben.

§ 3 Verwendung des Leichenschauscheins

(1) Der Arzt hat den nicht vertraulichen Teil des Leichenschauscheins offen demjenigen, der für die Bestattung sorgt (§ 16 des Bestattungsgesetzes) oder dessen Beauftragten auszuhändigen. Dieser ist verpflichtet, ihn unverzüglich einer Meldestelle des Landeseinwohneramtes Berlin vorzulegen und an den für die Beurkundung des Sterbefalles zuständigen Standesbeamten weiterzuleiten.

(2) Ist eine Feuerbestattung vorgesehen, so händigt der Standesbeamte den nicht vertraulichen Teil des Leichenschauscheins der in Absatz 1 genannten Person zur Weiterleitung an das die Einäscherung vornehmende Krematorium aus, das ihn der für den Einäscherungsort zuständigen Meldestelle des Landeseinwohneramtes Berlin vorlegt.
Nach der Erteilung der Erlaubnis zur Feuerbestattung (§ 20 des Bestattungsgesetzes) leitet diese den nicht vertraulichen Teil des Leichenschauscheins an das Statistische Landesamt Berlin weiter, welches ihn an das Landeseinwohneramt Berlin zurücksendet. Ist eine Erdbestattung vorgesehen, so übersendet der Standesbeamte den nicht vertraulichen Teil des Leichenschauscheins an das Statistische Landesamt Berlin, das ihn an das Landeseinwohneramt Berlin weiterleitet.

(3) Der Arzt hat die erste Ausfertigung des vertraulichen Teils des Leichenschauscheins unverzüglich an das Bezirksamt des Sterbeortes (Gesundheitsamt) zu übersenden. Dieses prüft die Vollständigkeit der medizinischen Angaben und leitet ihn an das Statistische Landesamt Berlin weiter. Ist eine Erdbestattung vorgesehen, ist die

zweite Ausfertigung des vertraulichen Teils des Leichenschauscheins der ersten beizufügen. Die dritte Ausfertigung ist beizufügen, wenn eine Leichenöffnung nicht vorgesehen ist.

(4) Ist eine Feuerbestattung vorgesehen, so hat der Arzt die zweite Ausfertigung des vertraulichen Teils des Leichenschauscheins in einem besonderen, verschlossenen Umschlag der in Absatz 1 genannten Person zur Weiterleitung an das die Einäscherung vornehmende Krematorium auszuhändigen, das diese Ausfertigung dem Landesinstitut für gerichtliche und soziale Medizin übergibt. Wenn die Bestattungspflichtigen innerhalb der Aufbewahrungsfrist des § 4 Abs. 3 statt der Erdbestattung eine Feuerbestattung vornehmen lassen wollen, übersendet das Bezirksamt des Sterbeortes (Gesundheitsamt) oder das Statistische Landesamt die zweite Ausfertigung des vertraulichen Teils des Leichenschauscheins an das die Einäscherung vornehmende Krematorium.

(5) Ist eine Leichenöffnung vorgesehen, hat der die äußere Leichenschau vornehmende Arzt die dritte Ausfertigung des vertraulichen Teils des Leichenschauscheins an das pathologische Institut zu übersenden, das die Leichenöffnung vornehmen soll. Der die innere Leichenschau vornehmende Arzt hat die von ihm ermittelte Todesursache einzutragen und seine Feststellungen zu unterschreiben. Er übersendet die dritte Ausfertigung des vertraulichen Teils des Leichenschauscheins innerhalb von fünf Tagen nach der Leichenöffnung dem Statistischen Landesamt Berlin; sollte die vorgesehene Leichenöffnung nicht stattfinden, so ist diese Ausfertigung mit dem Vermerk »Leichenöffnung nicht erfolgt« ebenfalls dem Statistischen Landesamt Berlin zu übersenden.

(6) Für die Weitergabe aller Ausfertigungen des vertraulichen Teils des Leichenschauscheins sind Umschläge mit dem deutlich sichtbaren Hinweis »Vertraulich, Verschlossen« zu verwenden.

§ 4 Aufbewahrung und Auskunftserteilung

(1) Zuständig für die Aufbewahrung des nicht vertraulichen Teils des Leichenschauscheins und für die Erteilung von Auskünften daraus ist das Landeseinwohneramt Berlin. Die Frist für die Aufbewahrung beträgt fünf Jahre und beginnt mit dem Ende des Sterbejahres.

(2) Angaben aus dem nicht vertraulichen Teil des Leichenschauscheins dürfen Behörden nur übermittelt werden, wenn diese sie

zur rechtmäßigen Erfüllung der innerhalb ihrer Zuständigkeit liegenden Aufgaben benötigen, Privatpersonen nur, soweit diese ein berechtigtes Interesse glaubhaft machen.

(3) Zuständig für die Aufbewahrung der ersten Ausfertigung des vertraulichen Teils des Leichenschauscheins ist das Statistische Landesamt Berlin. Die Aufbewahrungszeit beträgt mindestens drei Monate vom Ablauf des Sterbemonats an gerechnet. Das Gleiche gilt für die zweite Ausfertigung, wenn diese dem Statistischen Landesamt Berlin nach § 3 Abs. 3 Satz 3 von dem Bezirksamt (Gesundheitsamt) und für die dritte Ausfertigung, wenn diese von einem pathologischen Institut übersandt wird.

(4) Bei Feuerbestattungen ist für die Aufbewahrung der zweiten Ausfertigung des vertraulichen Teils des Leichenschauscheins das Landesinstitut für gerichtliche und soziale Medizin zuständig. Die Aufbewahrungszeit beträgt mindestens einen Monat vom Ablauf des Sterbemonats an gerechnet.

§ 5 Ausstellung des Bestattungsscheins

Der Bestattungsschein wird erst nach Vorlage des nicht vertraulichen Teils des Leichenschauscheins ausgestellt. In Fällen des §19 Abs. 2 des Bestattungsgesetzes muss auch die Bestattungsgenehmigung der Staatsanwaltschaft vorliegen; diese ist mit dem Bestattungsschein zu verbinden.

§ 6 Inhalt des Bestattungsscheins

(1) Der Bestattungsschein enthält folgende Daten:

1. Name und Vorname des Verstorbenen;
2. Geburtsdatum und Geburtsort;
3. Sterbedatum und Sterbeort;
4. letzter Wohnort des Verstorbenen;
5. die Erklärung, dass die Bestattung vorgenommen werden darf;
6. den Zeitpunkt, von dem an die Bestattung erfolgen kann;
7. die Angabe, ob eine Meldepflicht nach dem Bundes-Seuchengesetz bestand;
8. die Angabe, ob von der Leiche die Gefahr der Krankheitsübertragung (Seuchengefahr) ausgeht.

(2) Der Bestattungsschein ist mit der Bescheinigung des Standesamtes über die Anzeige des Sterbefalles zu verbinden.

(3) Der Bestattungsschein wird der in § 3 Abs. 1 genannten Person zur Vorlage bei der Friedhofsverwaltung oder dem Krematorium ausgehändigt.

§ 7 Aufbewahrung des Bestattungsscheins

Der Bestattungsschein wird

1. bei Erdbestattung von der für den Bestattungsort zuständigen Friedhofsverwaltung, in den Fällen des § 18 Abs. 1 Satz 2 des Bestattungsgesetzes von der für die Ausnahmegenehmigung zuständigen Behörde und
2. bei Feuerbestattung von dem die Einäscherung vornehmenden Krematorium zusammen mit der Erlaubnis des Landeseinwohneramtes nach § 20 Abs. 1 des Bestattungsgesetzes für die Ruhezeit aufbewahrt.

§ 8 Beantragung eines Leichenpasses

Dem Antrag auf Ausstellung eines Leichenpasses sind folgende Unterlagen beizufügen:

1. die Sterbeurkunde oder die Bescheinigung des Standesbeamten über die Anzeige des Sterbefalles;
2. der Bestattungsschein;
3. ein ärztliches Zeugnis darüber, dass die Leiche befördert werden kann. Auf eine bestehende Ansteckungsgefahr ist unter Hinweis auf die Schutzmaßnahmen nach § 12 hinzuweisen;
4. eine Bescheinigung des Bestattungsunternehmens darüber, dass die Leiche den Vorschriften dieser Verordnung entsprechend eingesargt und befördert wird. Im Fall einer Ansteckungsgefahr hat er die Einhaltung der Schutzmaßnahmen nach § 12 zu bestätigen.

§ 9 Inhalt des Leichenpasses

Der Leichenpass enthält folgende Angaben:

1. Name und Vorname des Verstorbenen;
2. Geburtsdatum und Geburtsort;
3. Sterbedatum und Sterbeort;
4. die Bestätigung der vorschriftsmäßigen Einsargung;
5. Beförderungsmittel;
6. Absendeort, Beförderungsweg und Bestimmungsort;
7. die Bestätigung, dass keine Anhaltspunkte für einen nicht natür-

lichen Tod vorliegen oder dass die Staatsanwaltschaft die Bestattung schriftlich genehmigt hat.

Zweiter Abschnitt: Behandlung und Beförderung von Leichen

§ 10 Schutz der Gesundheit und der Totenruhe

Leichen und Aschen Verstorbener sind so zu behandeln, dass die menschliche Gesundheit nicht gefährdet und die Totenruhe nicht mehr als unumgänglich gestört wird. Die Leichen sind in den Särgen erd zu bestatten oder einzuäschern, in denen sie zum Bestattungsort gelangen.

§ 11 Konservierung von Leichen

(1) Leichen dürfen nur konserviert werden, wenn sie ins Ausland befördert werden sollen. Bei Bestattungen in Berlin kann das Bezirksamt des Bestattungsortes Ausnahmen zulassen.

(2) Leichen dürfen erst konserviert werden, wenn der Bestattungsschein erteilt worden ist.

§ 12 Schutzmaßnahmen bei Ansteckungsgefahr

(1) Bestand zum Zeitpunkt des Todes des Verstorbenen eine Meldepflicht nach dem Bundes-Seuchengesetz, sind unbeschadet der nach dem Bundes-Seuchengesetz erlassenen Anordnungen zusätzlich folgende Schutzmaßnahmen zu treffen:

1. Die Leiche darf nicht gewaschen, rasiert, frisiert oder umgekleidet werden. Die zuständige Behörde kann bei Vorliegen eines wichtigen Grundes eine Ausnahme zulassen, sofern die Gewähr besteht, dass die von ihr angeordneten Vorsichtsmaßnahmen durchgeführt werden.
2. Die Leiche ist unverzüglich in Tücher, die mit einer desinfizierenden Flüssigkeit getränkt sind, einzuhüllen.
3. Die Leiche ist unverzüglich in einem festen, gut abgedichteten Sarg einzusargen, dessen Boden mit einer 5 bis 10 cm hohen Schicht aus Sägemehl, Torfmull oder aus anderen aufsaugenden Stoffen bedeckt oder auf andere Weise gegen das Durchsickern von Feuchtigkeit nach außen geschützt wird, und bei dem der Austritt von Gerüchen verhindert wird.

4. Der Sarg ist nach dem Einsargen sofort zu verschließen und in einen besonderen verschlossenen Raum einer öffentlichen Leichenhalle zu überführen.
5. Der Sarg darf nur mit Erlaubnis der zuständigen Behörde wieder geöffnet werden. Am Sarg ist als Hinweis eine Namenskarte anzubringen, die den Namen des Verstorbenen und des Bestattungsunternehmers sowie auffällig die Aufschrift Seuchengefahr enthält.
6. Personen, die mit der Leiche in unmittelbare Berührung kommen, müssen vor Beginn ihrer Verrichtungen waschbare Oberkleider oder Schürzen anlegen, die nach beendeter Tätigkeit sorgfältig zu desinfizieren sind. Sie haben vor Verlassen des Totenzimmers ihre Hände und Unterarme sowie die verwendeten Geräte in einer desinfizierenden Flüssigkeit zu reinigen.

(2) Die in Absatz 1 Nr. 2 bis 4 genannten Maßnahmen dürfen erst getroffen werden, wenn ein Arzt die Leichenschau vorgenommen hat.

(3) Der die Leichenschau vornehmende Arzt hat nötigenfalls dafür zu sorgen, dass die Personen, die sich in der Umgebung der Leiche bis zu ihrer Überführung aufhalten, und der Bestattungsunternehmer auf die Ansteckungsgefahr und die gebotene Vorsicht hingewiesen werden.

§ 13 Leichenbesorger

Personen, die gewerbs- oder berufsmäßig Leichen reinigen, ankleiden oder einsargen (Leichenbesorger), müssen vor Beginn ihrer Tätigkeit waschbare Überkleider oder Schürzen anlegen. Unmittelbar nach Beendigung der Tätigkeit haben sie ihre Hände und Unterarme, die Überkleider oder Schürzen und die verwendeten Geräte gründlich zu reinigen. § 12 Abs. 1 Nr. 6 bleibt unberührt.

§ 14 Beschaffenheit der Särge bei Erdbestattungen

Für die Erdbestattung darf nur ein fester Sarg verwendet werden, der so gefügt und abgedichtet sein muss, dass bis zur Beisetzung jedes Durchsickern von Feuchtigkeit nach außen ausgeschlossen ist und der Austritt von Gerüchen verhindert wird. Der Sarg darf nicht aus schwer vergänglichen Stoffen hergestellt sein; dies gilt auch für die Innenausstattung des Sarges und die Bekleidung der Leiche. § 12 Abs. 1 Nr. 3 bleibt unberührt.

§ 15 Beschaffenheit der Särge bei Feuerbestattungen

(1) Für die Feuerbestattung ist ein fester Sarg aus dünnem Holz oder Zinkblech oder anderen, von dem für das Friedhofswesen zuständigen Mitglied des Senats als gleichwertig anerkannten Stoffen zu verwenden. Der Sarg muss so gefügt und abgedichtet sein, dass bis zur Einäscherung jedes Durchsickern von Feuchtigkeit nach außen ausgeschlossen ist und der Austritt von Gerüchen verhindert wird. Pech darf zur Abdichtung der Fugen nicht verwendet werden. § 12 Abs. 1 Nr. 3 bleibt unberührt.

(2) Der Sarg muss frei von unverbrennbaren Verzierungen (Beschläge, Griffe) sein. Zur Befestigung der Auskleidung des Sarges und zum Schließen der Bekleidung der Leiche dürfen unverbrennbare Gegenstände nicht verwendet werden. Der Sarg einschließlich der Auskleidung und des Anstrichs, die Sargbeigaben sowie die Bekleidung der Leiche müssen so beschaffen sein, dass bei der Einäscherung eine Rauch- und Rußentwicklung, Geruchsbelästigungen sowie Gefahren für Beschäftigte oder Beschädigungen der Verbrennungsanlage nicht entstehen und zu befürchten sind. Als Unterlagen für die Leiche und als Füllmasse für Kissen sind Säge- oder Hobelspäne, Holzwolle oder Torfmull oder andere, von dem für das Friedhofswesen zuständigen Mitglied des Senats als gleichwertig anerkannte Stoffe zu benutzen.

§ 16 Beschaffenheit der Särge bei Beförderung von Leichen

Leichen dürfen an einen Ort außerhalb Berlins nur in einem widerstandsfähigen verschlossenen Metallsarg oder in einem den Anforderungen des § 12 Abs. 1 Nr. 3 entsprechenden Holzsarg befördert werden.

§ 17 Anforderungen an Leichenwagen

(1) Der Laderaum von Leichenwagen muss umschlossen, verschließbar und vom Fahrerraum getrennt sein. Er muss abwaschbar sowie für eine Desinfektion geeignet sein; dasselbe gilt für alle Einbauten. Der Boden des Laderaums muss feuchtigkeitsundurchlässig sein. Der Sarg muss so befestigt werden können, dass er sich während der Fahrt nicht verschiebt.

(2) Der Laderaum des Leichenwagens ist gründlich zu reinigen, wenn aus dem Sarg Flüssigkeit ausgetreten ist. Bei Ansteckungsgefahr (§ 12 Abs. 1) ist er auch zu desinfizieren.

§ 18 Transportbegleiter

(1) Der für die Beförderung einer Leiche nach einem Ort außerhalb Berlins Verantwortliche hat dafür zu sorgen, dass der Leichenwagen von einer zuverlässigen Person begleitet wird. Diese kann auch der Führer des Fahrzeugs sein, mit dem die Leiche befördert wird.

(2) Die Begleitperson hat dafür zu sorgen, dass
1. der Leichenpass oder die in § 11 Abs. 2 des Bestattungsgesetzes genannte Bescheinigung mitgeführt wird;
2. die Beförderung zügig erfolgt und möglichst ohne Unterbrechung bis zum Bestimmungsort durchgeführt wird;
3. der Sarg geschlossen bleibt und nicht ohne zwingenden Grund von dem Fahrzeug herabgenommen wird;
4. die Leiche am Bestimmungsort unmittelbar nach der Ankunft zu der Bestattungsstelle oder zu einer Leichenhalle gebracht wird;
5. bei Ansteckungsgefahr (§ 12 Abs. 1) die Personen, denen die Leiche übergeben wird, darauf hingewiesen werden.

Dritter Abschnitt: Leichenhallen

§ 19 Allgemeine Anforderungen an Leichenhallen

(1) Bei der Anerkennung der Leichenhalle nach § 9 Abs. 2 des Bestattungsgesetzes ist unter Berücksichtigung der Größe der Leichenhalle die höchst zulässige Zahl der dort aufzubahrenden Leichen festzusetzen.

(2) Leichenhallen dürfen nicht mit Räumen überbaut sein, die Wohnzwecken dienen oder von anderen als den in § 9 Abs. 2 des Bestattungsgesetzes aufgezählten Einrichtungen benutzt werden sollen.

§ 20 Besondere Anforderungen an Leichenhallen

(1) Leichenhallen sind würdig zu gestalten.

(2) Leichenhallen müssen ausreichend hell, leicht zu lüften und zu reinigen sowie gegen das Betreten durch Unbefugte und das Eindringen von Tieren geschützt sein. Die Aufbewahrungstemperatur in Leichenhallen darf 10 °C nicht überschreiten.

(3) Die Wände in Leichenhallen müssen leicht abwaschbar und des-

infektionsbeständig sein. Der Fußboden in Leichenhallen muss fugenlos oder fugendicht sein; er muss leicht zu reinigen und zu desinfizieren sein.

(4) Soweit in Leichenhallen Leichen von Verstorbenen aufbewahrt werden, bei deren Tod eine Meldepflicht nach dem Bundes-Seuchengesetz bestand, muss dafür ein besonderer verschlossener Raum vorhanden sein.

§ 21 Vorschriften für bestehende Leichenhallen

(1) Wer bei Inkrafttreten dieser Verordnung eine Leichenhalle betreibt, hat binnen einer Frist von drei Monaten beim Bezirksamt einen Antrag auf Anerkennung der Geeignetheit der Leichenhalle zu stellen. Bis zur Entscheidung gilt die Leichenhalle als geeignet.

(2) Das Bezirksamt kann davon absehen, die Erfüllung einzelner Anforderungen der §§19, 20 zu verlangen, soweit die Beschaffenheit der Räume bisher nicht zu beanstanden war und die wesentlichen Voraussetzungen für die Anerkennung einer Leichenhalle erfüllt sind.

§ 22 Überwachung

(1) Zuständig für die Überwachung der Leichenhallen ist das Bezirksamt.

(2) Die Beauftragten des Bezirksamtes sind befugt, zu diesem Zweck die Leichenhallen und ihre Einrichtungen während der üblichen Geschäftszeit zu betreten und zu besichtigen. Der Leiter der Einrichtung, der die Leichenhalle betreibt und das sonstige Personal sind verpflichtet, den Beauftragten des Bezirksamtes die Leichenhalle und ihre Einrichtungen zugänglich zu machen und ihnen die erforderlichen Auskünfte zu erteilen.

Vierter Abschnitt: Aufbewahrung und Versand von Aschen Verstorbener

§ 23 Aufnahme der Asche in Urnen

Nach Durchführung der Feuerbestattung ist die Asche der Leiche in ein Behältnis (Urne) aufzunehmen, das von dem Krematorium bereitgestellt wird. Das Behältnis wird amtlich verschlossen.

§ 24 Beschaffenheit von Urnen

(1) Die Urne muss aus festem Material sein. Sie darf jedoch nicht aus schwer vergänglichen Stoffen hergestellt sein.

(2) Der Deckel der Urne muss mit einem festsetzenden, dauerhaften Schild versehen sein, auf dem in deutlich geprägter Schrift folgende Angaben stehen:
1. Bezeichnung des Krematoriums,
2. Name und Vorname des Verstorbenen,
3. Tag und Jahr seiner Geburt,
4. Tag und Jahr seines Todes,
5. Tag der Einäscherung,
6. die Nummer der Eintragung der Einäscherung in das Einäscherungsverzeichnis.

§ 25 Weitergabe und Versand von Aschen im Inland

(1) Die Urne wird von dem Krematorium unmittelbar an den vorgesehenen Bestattungsort übersandt. Der Versand ist erst zulässig, wenn eine Bescheinigung der Friedhofsverwaltung vorliegt, dass die Urne beigesetzt wird.

(2) Der Urne ist ein Versandschein beizufügen, der außer den auf dem Deckelschild der Urne stehenden Angaben (§ 24 Abs. 2) auch Angaben über den Geburtsort und den Sterbeort des Eingeäscherten enthalten muss.

(3) Den Angehörigen des Verstorbenen oder deren Beauftragten darf die Urne nur dann ausgehändigt werden, wenn sie eine Genehmigung der zuständigen Behörde vorlegen, dass die Asche außerhalb eines Friedhofs beigesetzt werden darf.

§ 26 Weitergabe und Versand von Aschen in das Ausland

(1) Für die Weitergabe und den Versand von Urnen, die nicht im Inland beigesetzt werden sollen, gilt § 25 entsprechend.

(2) Der Versand und die Herausgabe der Urne ist jedoch zulässig, wenn
1. entgegen § 25 Abs. 1 Satz 2 eine Bescheinigung der Friedhofsverwaltung nachweislich nicht erreichbar ist,
2. entgegen § 25 Abs. 3 die Angehörigen den Nachweis darüber führen, dass die Beisetzung der Asche nach dem am Beisetzungsort geltenden ausländischen Recht keiner Genehmigung

bedarf und sichergestellt ist, dass die Urne an den vorgesehenen Ort im Ausland gelangt.

§ 27 Beisetzung der Asche auf Friedhöfen
Die Asche eines Verstorbenen ist in der Urne beizusetzen, soweit sie nicht für eine Grabstätte bestimmt ist, die eigens für die behältnislose Beisetzung von Aschen eingerichtet ist.

§ 28 Umbetten von Urnen
Für die Weitergabe, Versendung und Beisetzung von Urnen, die umgebettet werden sollen, gelten die §§ 25 und 26 entsprechend.

Fünfter Abschnitt: Schlussvorschriften

§ 29 Sondervorschriften

Von dieser Verordnung bleiben unberührt:
1. zwischenstaatliche Vereinbarungen, insbesondere über die Leichenbeförderung;
2. Vorschriften über die Beförderung von Leichen auf Eisenbahnen, auf dem Seewege, auf den Binnenwasserstraßen und auf dem Luftwege;
3. seuchenrechtliche Vorschriften;
4. Vorschriften über den Umgang mit radioaktiven Leichen;
5. Anordnungen, die vom Gericht oder von der Staatsanwaltschaft im Einzelnen getroffen werden.

§ 30 Ordnungswidrigkeiten
(1) Ordnungswidrig im Sinne des § 24 Abs. 2 des Bestattungsgesetzes handelt, wer vorsätzlich oder fahrlässig
  1. den ihm vom Arzt ausgehändigten Leichenschauschein nicht unverzüglich
  a) entgegen § 3 Abs. 1 der Meldestelle des Landeseinwohneramtes Berlin vorlegt und an den Standesbeamten weiterleitet,
  b) entgegen § 3 Abs. 4 an das die Einäscherung vornehmende Krematorium weiterleitet,

2. entgegen § 3 Abs. 2 den ihm vom Standesbeamten ausgehändigten Leichenschauschein nicht an das die Einäscherung vornehmende Krematorium weiterleitet,
3. entgegen § 3 Abs. 3 als Arzt den Leichenschauschein nicht unverzüglich an das Bezirksamt des Sterbeortes übersendet,
4. entgegen § 3 Abs. 5 als Arzt den Leichenschauschein nicht an das pathologische Institut, nicht oder nicht fristgemäß an das Statistische Landesamt Berlin übersendet,
5. entgegen § 11 eine Leiche konserviert,
6. als Bestattungsunternehmer
   a) entgegen § 12 Abs. 1 die erforderlichen Schutzmaßnahmen unterlässt,
   b) Särge, Sargbeigaben oder Leichenbekleidung verwendet, die nicht den in §§ 14 bis 16 genannten Anforderungen entsprechen,
   c) eine Leiche mit einem Leichenwagen befördert oder befördern lässt, der nicht den in § 17 Abs. 1 genannten Anforderungen entspricht,
   d) entgegen § 18 Abs. 1 nicht dafür sorgt, dass der Leichenwagen von einer zuverlässigen Person begleitet wird;
7. als Leichenbesorger den in § 13 oder als Transportbegleiter den in § 18 genannten Pflichten zuwiderhandelt;
8. unbefugt eine amtlich verschlossene Urne öffnet oder das auf dem Deckel der Urne gemäß § 24 Abs. 2 angebrachte Schild entfernt.

§ 31 Inkrafttreten
Diese Verordnung tritt am Tage nach der Verkündung im Gesetz- und Verordnungsblatt für Berlin in Kraft.